Estoy totalmente emocionado de que finalmente se haya escrito *La Gran Transferencia de Riqueza*. Dios es un Dios de abundancia. Verlo de cualquier otra forma es una distorsión de la realidad, la mayor realidad de todas: la naturaleza de Dios. El solo hecho de que haya habido tanto error al tratar este tema solo demuestra qué es lo que teme el diablo. Él teme que la iglesia reciba un entendimiento bíblico adecuado de la *prosperidad con un propósito*. Y este libro le llevará a ese entendimiento, y finalmente, a esa experiencia. Peter Wagner nos ha dado grandes estrategias para renovar nuestro corazón y nuestra mente para estar totalmente inmersos en los propósitos de Dios para el planeta tierra. Implementando estas estrategias prácticas estaremos en buena posición para ayudar a facilitar *La gran transferencia de riqueza*, la cual llevará a la mayor cosecha de almas que el mundo haya visto jamás.

—*Bill Johnson*
Pastor principal de la iglesia Bethel, Redding, California
Escritor de *Cuando el Cielo Invade la Tierra*

Mi amigo Peter Wagner siempre me reta a pensar de formas nuevas. Lo ha vuelto a hacer con su nuevo libro *La Gran Transferencia de Riqueza*. Le recomiendo que lo lea.

—*John C. Maxwell*
Escritor y conferencista

C. Peter Wagner es uno de los líderes apostólicos más grandes e influyentes en la teología del reino y cambiando paradigmas en el cuerpo de Cristo. He tenido el honor de recibir mentoría de Peter y estoy orgulloso de llamarle mi padre espiritual. Es un hombre de gran integridad y un verdadero apóstol. Ha escrito muchos libros bíblicamente profundos que han bendecido a la iglesia y han avanzado el reino de Dios. Ahora Peter le trae el que creo que es el libro más esencial de esta era del reino: *La Gran Transferencia de Riqueza*. Estas páginas están llenas de sabiduría celestial, una enseñanza bíblica profunda, instrucción celestial y visión profética que le prepararán y posicionarán para ser un participante en la gran transferencia de riqueza, como está escrito en Isaías 60. Conocerá el propósito final de Dios para la transferencia, y cómo producirá una transformación de la sociedad. ¡Recomiendo mucho y exhorto a cada creyente a leer este libro!

—Dr. Ché Ahn
Líder apostólico, HRock Church, Pasadena, California
Presidente de Harvest International Ministry
Rector internacional del Instituto de Liderazgo Wagner

La Biblia describe a Dios como la Fuente de riquezas, el Dador de riquezas, el Controlador de riquezas y el Dueño de las riquezas. Dios dice enfáticamente: *"Mía es la plata, y mío es el oro"* (Hageo 2:8). La riqueza es la herencia de la familia de Dios y se ha de usar para los propósitos de su reino. La riqueza con propósito es puro poder con una poderosa autoridad. El libro de Peter Wagner, *La Gran Transferencia de Riqueza*, le dará una revelación con la aplicación práctica para ayudarle a posicionarle para el derramamiento manifiesto de la gloria de riquezas con "una compañía" de cristianos creyentes y preparados. Como Jesús, oremos: *"Padre, la hora ha llegado; glorifica a* [tus siervos], *para que también* [tus siervos] *te glorifiquen a ti"* (Juan 17:1), y prepáranos para ser recipientes y distribuidores de *La gran transferencia de riqueza*. Ahora es el tiempo.

—Pat Francis, Ph.D.
Pastor fundador de Kingdom Covenant Ministries
Mississauga, Ontario, Canadá

La Gran Transferencia de Riqueza

Liberación financiera para avanzar el reino de Dios

C. Peter Wagner

WHITAKER
HOUSE

Traducción al español realizada por:
Belmonte Traductores
Manuel de Falla, 2
28300 Aranjuez
Madrid, ESPAÑA
www.belmontetraductores.com

La Gran Transferencia de Riqueza:
Liberación financiera para avanzar el reino de Dios
Publicado originalmente en inglés bajo el título:
The Great Transfer of Wealth: Financial Release for Advancing God's Kingdom

ISBN: 978-1-62911-308-1
eBook ISBN: 978-1-62911-309-8
Impreso en los Estados Unidos de América
© 2015 por Whitaker House

Whitaker House
1030 Hunt Valley Circle
New Kensington, PA 15068
www.whitakerhouse.com

Por favor, envíe sugerencias sobre este libro a: comentarios@whitakerhouse.com.

1 2 3 4 5 6 7 8 9 10 11 ᴥ 22 21 20 19 18 17 16 15

CONTENIDO

Prólogo

Peter Wagner no es ajeno a la controversia; nunca ha sido alguien que se retraiga de tomar algunos temas bíblicos difíciles, como apóstoles y profetas o la guerra espiritual. De hecho, siempre que sufre un nuevo aluvión de crítica, él simplemente sonríe y pregunta: "¿Pronunciaron mi nombre correctamente?".

La Gran Transferencia de Riqueza aborda con valentía el tema del dinero y los asuntos controvertidos que rodean su acumulación para los propósitos de Dios. Como profesor de crecimiento de la iglesia, Peter busca en la historia para identificar cuándo nuestra visión de la riqueza se mezcló con la idea de que ser pobre es una virtud espiritual.

Yo procedo de un transfondo en el que mi familia, que plantaba iglesias, se vio afectada por personas con la falsa idea de que la pobreza era un atributo que nos mantenía humildes, y a la vez, ¡siempre necesitábamos más dinero para construir edificios! Ojalá hubiéramos entendido el concepto de que los cristianos deberían ser prósperos.

Para entender el conflicto que rodea este asunto, uno tiene que darse cuenta del todo del alcance del espíritu de pobreza, el cual está arraigado en la iglesia. A mí me parece que este es uno de los planes de Satanás para destruir nuestra cosmovisión, ¡impidiéndonos tener dinero suficiente para eliminar la pobreza sistémica! La función de la iglesia es alimentar a los pobres y trabajar para paliar el sufrimiento. Sin embargo, ¿cómo podemos ayudar a otros cuando no podemos ayudarnos a nosotros mismos?

En el otro lado del espectro están aquellos que han aceptado la idea de "proclámalo y consíguelo", personas que simplemente esperan que la riqueza les caiga encima de forma mágica. ¿Cómo puede Dios confiarnos grandes recursos cuando no hemos aprendido cómo ser buenos administradores de lo que tenemos y cómo posicionarnos para recibir más?

Este libro aporta un equilibrio muy oportuno y una perspectiva del reino al asunto de la riquza. Hay muchos textos bíblicos que apoyan la verdad de que el Señor desea prosperarnos para que podamos bendecir a otros. ¡Dios desea que tengamos lo que Peter Wagner llama "prosperidad con propósito"! El Señor quiere que su reino venga y su voluntad se haga en la tierra, como se hace en el cielo, así que Él ofrece a su pueblo acceso a espléndidos recursos sobrenaturales.

Una de las cosas que más admiro de ser pionero y, me atrevo a decir, de la obra apostólica que hace Peter Wagner es su capacidad de estar a la vanguardia de lo que el Espíritu Santo está diciendo a la iglesia hoy día. *La Gran Transferencia de Riqueza* demuestra una vez más su profundidad de perspectiva, ya que este mensaje parece estar emergiendo en los "radares espirituales" de muchos líderes cristianos en la actualidad.

Lea este libro con un corazón abierto. Puede retarle y provocar a esas mentalidades de generaciones pasadas que ha desarrollado. Si queremos transformar nuestras naciones, será necesaria la riqueza. Este es uno de los temas más importantes relacionados con cumplir el mandato de la Gran Comisión, y Dios está trayéndolo al frente en esta hora.

—Cindy Jacobs
Cofundadora de Generals International
Dallas, Texas

1

TRANSFORMACIÓN SOCIAL:
EL CUADRO GLOBAL

Este libro, como menciona el título, trata de la gran transferencia de riqueza que Dios está planeando dar a su pueblo. ¿Por qué creo que es así? Por muchos años, reconocidos profetas de Dios han estado oyendo este mensaje y creyendo que se producirá; sin embargo, con una posible excepción o dos, ninguno de ellos se ha aventurado a dar una fecha precisa. Aun así, para mí es claro que la mayoría de quienes vivimos hoy, de una u otra manera, pretendemos ser testigos y participantes de esta transferencia. Muchos de los que han recibido este mensaje basan su creencia en el siguiente pasaje de las Escrituras: *"Tus puertas estarán de continuo abiertas; no se cerrarán de día ni de noche, para que a ti sean traídas las riquezas de las naciones…"* (Isaías 60:11). En lenguaje moderno, este versículo dice que la riqueza de las naciones del mundo de algún modo será transferida a manos del pueblo de Dios.

Pero esto suscita una pregunta crucial: ¿Por qué? ¿Por qué debería ni tan siquiera esperar el pueblo de Dios una cosa así? ¿Podría esta esperanza reflejar una actitud de egoísmo? ¿Podría ser la influencia del espíritu maligno llamado *Mamón*? ¿O podría haber un propósito más alto?

Este primer capítulo es mi intento de responder a esas preguntas.

La Gran Comisión

Un buen lugar para comenzar nuestra búsqueda de respuestas debería ser la Gran Comisión. Algo que la mayoría de los cristianos tenemos en común es un entendimiento mutuo de que todos debemos hacer nuestra parte en el cumplmiento de la gran comisión de Jesús. Doy por supuesto que muchos cristianos tienen muy poca o ninguna idea respecto a cuáles son los roles que deberían desempeñar personalmente para lograr este mandato de Jesús. Es triste decir que hay demasiados que ni siquiera son capaces de verbalizar qué es la Gran Comisión. Sin embargo, casi todos ellos estarían de acuerdo en que la gran comisión de Jesús es una tarea seria para todo creyente, principalmente porque oyen que se declara de manera regular cuando asisten a la iglesia.

Con esto en mente, veamos con más detenimiento la Gran Comisión.

Se podría decir que la Gran Comisión aparece en formas distintas en los cuatro Evangelios, además del libro de Hechos. (Véase Mateo 28:18–20; Marcos 16:15–16; Lucas 24:46–49; Juan 20:21–22; Hechos 1:8). En este punto, sin embargo, quiero concentrarme en los libros de Mateo y Marcos. Me gustaría subrayar la diferencia entre las frases de la Gran Comisión en estos dos evangelios. Cuando digo "diferencia", debemos tener en mente que tanto Mateo como Marcos citan las palabras de Jesús mismo. No es que uno esté bien y el otro esté equivocado; ambos son correctos. Sin embargo, cada uno de los escritores escoge subrayar diferentes aspectos de la Gran Comisión completa.

Comencemos con el evangelio de Marcos. Estas son las palabras de Jesús, según las narra:

> *Id por todo el mundo y predicad el evangelio a toda criatura. El que creyere y fuere bautizado, será salvo; mas el que no creyere, será condenado.*   (Marcos 16:15–16)

Esta es la Gran Comisión que ha motivado a miles y miles de misioneros a lo largo de los siglos a dejar sus hogares y predicar el evangelio a personas perdidas y pueblos no alcanzados en cada continente del mundo. Es sin duda la versión que usted ha oído citar con más frecuencia.

Ahora, estas son las palabras de la gran comisión de Jesús según las cita Mateo:

Por tanto, id, y haced discípulos a todas las naciones, bautizándolos en el nombre del Padre, y del Hijo, y del Espíritu Santo.

(Mateo 28:19)

Algunas personas no ven una gran diferencia entre las dos. Si tienen la versión de Marcos en sus mentes, quizá interpreten que Mateo está diciendo que deberíamos ir a todas las naciones posibles y, cuando lleguemos allí, hacer todos los discípulos posibles. Deberíamos ganar todas las personas para Cristo que podamos. Permítame repetir que esto es cierto. Debemos ganar hombres y mujeres para Cristo. Pero hay más.

Esta es la verdadera diferencia: Marcos es *personal*, mientras que Mateo es *colectivo*. Marcos dice *"toda criatura"*; Mateo dice *"todas las naciones"*. Merece la pena analizar este matiz.

Una clave para este asunto es entender el uso que hace Mateo de la palabra *"naciones"*. En el original griego, es *ethne*. Se puede ver fácilmente que de aquí extraemos nuestra palabra *étnico*. Así, una manera de resumir la Gran Comisión, según Mateo, es esta: "Haced discípulos a cada grupo étnico". Pero eso es un tanto estrecho. La mejor manera de interpretar *ethne* es cualquier grupo social que una a personas en una unidad coherente, como un vecindario, ciudad, grupo ocupacional o estado; o un grupo étnico, como los coreano-americanos; o los vascos en España y Francia; o una nación geopolítica, como Suecia o Vietnam. El punto principal es que la versión de Mateo de la Gran Comisión destaca el disciplinar a todo un *grupo* de personas, no solo a *individuos*, como lo hace la versión de Marcos. Por eso yo mantengo que la gran comisión de Jesús, según está escrita en el evangelio de Marcos, es personal, mientras que su versión en el evangelio de Mateo es colectiva.

Esta no es una diferencia trivial. Para empezar, discipular toda una nación es obviamente un reto más formidable que ganar una sola alma para Cristo. Eso es, no obstante, de lo que trata este libro.

Ed Silvoso estaría de acuerdo. Como fundador tanto de Harvest Evangelism como de International Transformation Network, su objetivo en el ministerio es acabar con la pobreza sistémica en el mundo.

Él dice: "El objetivo *final* de la Gran Comisión, contrario a la sabiduría popular religiosa contemporánea, no es simplemente hacer discípulos de las personas, sino también disciplinar, enseñar y bautizar *naciones*".[1] La mayoría de nosotros tenemos un profundo deseo de ver a nuestra nación, en mi caso los Estados Unidos, algún día acudiendo a Cristo para que E. U. de nuevo sea considerada internacionalmente como una nación cristiana, una nación impregnada y guiada por las bendiciones y los valores del reino de Dios. Ese día, América, como nación, ¡proclamará a Jesucristo como Señor! Para que eso suceda, será necesaria una gran cantidad de riqueza.

El reino de Dios

Cuando pensamos en la estructura subyacente del cristianismo, por lo general pensamos en la iglesia. La iglesia es una parte importante de ella, ciertamente, pero es más útil comenzar con el reino de Dios. El reino de Dios no está limitado a las cuatro paredes de la iglesia local. Incluye la iglesia, pero es mucho mayor que eso.

Jesús nunca envió a sus discípulos a predicar el evangelio de la *iglesia*. Nunca los envió a predicar el evangelio de la *salvación*. Siempre los envió a predicar el evangelio del *reino*. La primera vez que Jesús menciona la palabra "iglesia" en el Nuevo Testamento es en Mateo 16:18, donde dice: *"Edificaré mi iglesia"*. En el siguiente versículo, dice a los apóstoles que les dará las llaves para lograr esta tarea. Pero me parece importante que no les diera las llaves de la *iglesia*; les dio las llaves del *reino*. Con esto quiero decir que una de las mejores formas de edificar la iglesia es avanzando el reino de Dios.

¿Qué es el reino de Dios? Observe que la palabra "reino" tiene dos partes: *rei-* y *no*. No hay, claro está, un reino sin un *rey*. En nuestro caso, el Rey es Jesucristo. El *no* es una abreviatura de "dominio". Un reino, por lo tanto, es el dominio de un rey. Tenga en mente que el reino de Dios no es una entidad geopolítica. No tiene fronteras territoriales. No requiere pasaportes. No se puede unir a las Naciones Unidas. No tiene su propia moneda. Así pues, ¿dónde existe? Existe en cualquier

---

1. Ed Silvoso, *Transformation: Change the Marketplace and You Change the World* (Ventura, CA: Regal Books, 2007), 38. Énfasis de Silvoso.

lugar donde la gente reconoce a Jesús como su Rey. Si Jesús es su Rey, usted está en el reino de Dios. Por eso, en cierta ocasión, Jesús dijo: *"El reino de Dios está entre vosotros"* (Lucas 17:21). El dominio de Dios es representado a través del pueblo que le sigue.

> *Me imagino un país en el que una masa crítica de sus ciudadanos, demócratas y republicanos, blancos y negros, pobres y ricos, de Nueva Inglaterra y de Texas, camioneros y directores generales, son seguidores de Jesucristo y, por lo tanto, agentes del reino de Dios.*

En nuestro tiempo y era, es importante aclarar que cuando hablamos de discipular naciones y avanzar el reino de Dios, no estamos defendiendo una teocracia. *Teocracia* en general significa una nación que está gobernada por Dios, pero en el uso común, significa una nación que está gobernada por la iglesia. Constantino fue el primer emperador romano en intentar una teocracia cuando hizo del cristianismo la religión oficial del imperio romano, un movimiento que le dio el control de la iglesia. A primera vista, esto puede parecer una buena idea, pero Dios no quiere ser un gobernador político. El reino de Dios está en la gente, no en las estructuras políticas. Constantino fracasó terriblemente, y desde ese tiempo en adelante, la iglesia (la iglesia occidental, en particular) sufrió un daño permanente.

Haríamos el mismo daño si tuviéramos éxito en instalar una teocracia cristiana en una nación hoy día. Siento la necesidad de subrayar esto, porque, durante algún tiempo, un contingente vocal de críticas en Internet ha estado acusando a algunos de nosotros de defender una teocracia, algo que regularmente evito hacer.

Cuando sueño con una nación como América proclamando a Jesucristo como su Señor, no me refiero a que la iglesia, ni ninguna otra entidad religiosa, debería gobernar el país. Tal papel no se encontraría en el reino de Dios. La Constitución debería permanecer intacta, con su actual Primera Enmienda, afirmando que no habrá "ninguna ley respecto al establecimiento de la religión, o prohibiendo el ejercicio de esta". La democracia y nuestro actual sistema de dos partidos debería prevalecer. Debería haber libertad y justicia para todas las religiones. Sin embargo, me imagino un país en el que una masa crítica de sus ciudadanos, demócratas y republicanos, blancos y negros, pobres y ricos, de Nueva Inglaterra y de Texas, camioneros y directores generales, son seguidores de Jesucristo y, por lo tanto, agentes del reino de Dios. Me imagino a estas personas usando la influencia que tengan para promover las bendiciones del reino y los valores del reino todo lo posible por toda la cultura americana. Quizá algunos decidirían seguir el liderazgo de Margarita Arellanes Cervantes, alcaldesa de Monterrey, México, que públicamente dedicó su ciudad "a nuestro Señor Jesucristo, para que su reino de paz y bendiciones sea establecido".[2] La alcaldesa Arellanes no estaba defendiendo que ni la ciudad de Monterrey ni la nación de México se convirtieran en una teocracia. Sin embargo, sí invitó a Jesús a convertirse en el Señor de su territorio.

Invitar al reino de Dios a su ciudad o región nunca debería ser algo a temer sino más bien a recibir con gusto. ¿Por qué? Intente ver los beneficios del reino a través de los ojos de Cindy Jacobs: "Este es el reino que necesitamos liberar en el mundo otra vez: un reino basado en el amor, la justicia y el poder de Dios, donde la corrupción sea la excepción, los hambrientos y los pobres sean alimentados y vestidos, las cortes gobiernen con justicia, el gobierno se ejerza con integridad, las empresas actúen éticamente y la educación consista más en perseguir la verdad que en adoctrinar a los jóvenes en la filosofía popular del momento".[3]

El mandato de señorear

El diseño original de Dios era que los seres humanos, a quienes creó a su imagen, gobernaran su creación. Esta verdad se encuentra en la primera página de la Biblia, donde dice que Dios creó a los primeros seres humanos, Adán y Eva, y les dijo: *"Fructificad y multiplicaos; llenad*

---

2. Carlos Puig, "Cities of God", nytimes.com, http://latitude.blogs.nytimes.com/2013/06/13/cities-of-god/?_php=true&_type=blogs&_r=0.
3. Cindy Jacobs, *The Reformation Manifesto: Your Part in God's Plan to Change Nations Today* (Minneapolis, MN: Bethany House Publishers, 2008), 19–20.

la tierra, y sojuzgadla, y señoread en los peces del mar, en las aves de los cielos, y en todas las bestias que se mueven sobre la tierra" (Génesis 1:28). De este versículos es de donde surge el término "mandato de señorear".

Adán y Eva habían de tener, principalmente, una relación personal con Dios y amarlo. Sin embargo, el amor no es algo que se pueda coaccionar. Debe surgir voluntariamente del corazón del amante. Por lo tanto, Adán y Eva debían ser creados como agentes morales libres. Dependía de ellos tomar la decisión de amar o no amar a Dios. Para que su amor fuera auténtico, la decisión debían tomarla ellos.

Lo mismo ocurría con su mandato de señorear en la creación. Adán tenía que escoger si obedecer o desobedecer el mandato de señorear. Dios le había dado la autoridad para señorear, así como la autoridad para rechazar señorear. Y esta autoridad de hecho nos implica a usted y a mí. ¿Por qué? Porque Adán no es solo el nombre de un hombre; la palabra hebrea para *Adán* hace referencia a toda la raza humana. Por muy lejos que esto pueda parecer de usted y de mí, estamos involucrados en la decisión de Adán, ¡ya que somos parte de la raza humana!

Desgraciadamente, como todos sabemos, Adán tomó la decisión equivocada.

¿Cómo se produjo esto?

La tentación y la caída

La decisión de Adán salió mal cuando Satanás entró en la escena. Satanás era originalmente uno de los ángeles más gloriosos de Dios. Su nombre era Lucifer, que significa "ángel de luz". Pero se rebeló contra Dios y como consecuencia fue expulsado del cielo a la esfera terrenal. (Véase Isaías 14:12–15). Aunque Satanás se mantuvo como un poderoso ser sobrenatural, Dios retiró de él la autoridad que había disfrutado en el cielo. El poder, sin la autoridad para usarlo, queda neutralizado. Es fácil entender por qué el deseo más profundo de Satanás sería reclamar parte de su autoridad. En el huerto del Edén, Adán le dio esa oportunidad.

La mayoría de las enseñanzas cristianas sobre la tentación en el huerto del Edén subrayan el deseo de Satanás de seducir a Adán y

Eva a pecar para que la paga de su desobediencia pasara a toda la raza humana. Aunque sin duda alguna esta idea es válida, no creo que fuera la *principal* motivación de Satanás para tentarlos. Creo que cuando Satanás se acercó a Eva con su plan de engañar, sabía que Dios le había dado a Adán autoridad para señorear, y que, como agente moral libre, Adán también era capaz de entregar esa autoridad. Adán podría escoger obedecer a Dios u obedecer a Satanás. Cuando Adán pecó al desobedecer a Dios, no solo él y sus descendientes adquirieron una naturaleza pecaminosa, sino que Satanás también tuvo la oportunidad de usurpar la autoridad de Adán sobre la creación. ¿El resultado? ¡Una creación caótica empapada de mal y perversión! De hecho, las cosas se pusieron tan mal, en cierto punto, que Dios se arrepintió de haber creado la raza humana y casi la destruyó, una vez y para siempre. (Véase Génesis 6:6–7).

> *Jesús trajo algo al mundo con lo que Satanás no había tenido que lidiar previamente, es decir, el reino de Dios. Su entrada en escena fue una descarada invasión del reino de Satanás.*

Cuando los escritores del Nuevo Testamento analizaron este terrible estado de cosas, le dieron a Satanás títulos como *"el dios de este siglo"* (2 Corintios 4:4) y *"el príncipe de la potestad del aire"* (Efesios 2:2). Jesús incluso le llamó *"el príncipe de este mundo"* (Juan 14:30). Si duda de la autoridad que Satanás ha tenido desde el huerto del Edén, considere el siguiente relato de su tercera tentación de Jesús en Mateo 4:

> *Otra vez le llevó el diablo [a Jesús] a un monte muy alto, y le mostró todos los reinos del mundo y la gloria de ellos, y le dijo: Todo esto te daré, si postrado me adorares.*
>
> (Mateo 4:8–9; véase también Lucas 4:5–7)

Satanás le ofreció a Jesús todos los reinos del mundo si tan solo Él le adoraba. Por supuesto, sabemos que Jesús venció la tentación citando la Palabra de Dios: *"Vete, Satanás, porque escrito está: Al Señor tu Dios adorarás, y a él sólo servirás"* (Mateo 4:10). Lo que quiero establecer es que Jesús nunca dudó del dominio que Satanás tenía sobre los reinos del mundo que le había ofrecido, ¡todos ellos!

Satanás quizá sea "el príncipe de este mundo", con la posición de "príncipe" dando a entender un reino que él gobierna, pero Jesús vino a la tierra con la intención de invertir las cosas y llevarlas al plan original de Dios. Llamado *"postrer Adán"* (1 Corintios 15:45), Jesús trajo algo al mundo con lo que Satanás no había tenido que lidiar previamente, es decir, el reino de Dios. Su entrada en escena fue una descarada invasión del reino de Satanás.

Durante unos dos mil años, el pueblo de Dios ha estado proclamando el evangelio del reino, y se ha estado involucrando, en una u otra medida, en la guerra espiritual de hacer retroceder el reino de Satanás y reemplazarlo por el reino de Dios. No ha estado luchando contra sangre y carne sino contra los principados y potestades de las tinieblas. (Véase Efesios 6:12). Aún queda un largo camino por recorrer, pero se ha conseguido un progreso sustancial, y hoy día, el cuerpo de Cristo mundial está atacando al diablo con más ferocidad que nunca antes. Estamos involucrados en cumplir nuestro mandato de señorear. El objetivo es promulgar la oración que Jesús nos dio: *"Venga tu reino. Hágase tu voluntad, como en el cielo, así también en la tierra"* (Mateo 6:10).[4]

Transformación social

Cuando la voluntad de Dios es nuestra meta, inevitablemente nos involucramos en la transformación de nuestra sociedad. Recordemos que la Gran Comisión, según aparece en Mateo, es hacer discípulos a las naciones. Como mencioné antes, la palabra griega traducida en ese pasaje como *"naciones"* es *ethne*, que significa grupos de personas que están reunidas como una unidad social. Por lo tanto, transformar nuestra sociedad puede significar transformar nuestras ciudades, nuestros vecindarios, nuestros estados, nuestras regiones y todos los grupos de personas. Es una transformación *colectiva* en vez de una transformación *individual*, y la tarea es más apostólica que evangelística o pastoral.

---

4. Para una explicación más completa de esta idea, véase el libro de C. Peter Wagner, *On Earth as It Is in Heaven: Answer God's Call in Your Life and in the Church* (Ventura, CA: Regal Books, 2012).

En los años que he estado trabajando hacia la transformación social, me ha quedado claro que hay muchos factores diversos que se deben sumar a la ecuación si esperamos que suceda algo. Algunos de estos factores son más importantes que otros. He seleccionado los factores que yo considero los más importantes; están ilustrados en el gráfico siguiente.

Transformación social

En el centro de la imagen hay una barra horizontal etiquetada como "Transformación social". Este es el objetivo de nuestro esfuerzo. También he incluido el término "Teología de enseñorear" para acordarnos del mandato bíblico para la transformación social, el cual describí antes. Satanás tuvo éxito al usrupar el dominio sobre la creación que Dios originalmente diseñó para la raza humana. Ahora, estamos involucrados en el cumplimiento de la comisión de Jesús mientras nos esforzamos por recuperar el dominio que perdió Adán.

Para lograr esta tarea, debemos hacer algunos cambios importantes en nuestro pensamiento y nuestras acciones, lo cual exploraremos ahora.

El gobierno de la iglesia

En el gráfico, la barra llamada "Transformación social" está apoyada en dos columnas verticales, "La iglesia en el mundo laboral" y "La transferencia de riqueza", cada una de ellas apoyada en una base fundamental de "El gobierno de la iglesia" y "Romper el espíritu de pobreza", respectivamente. Con "El gobierno de la iglesia" me refiero al diseño original de Dios para la iglesia, en el cual estaba gobernada por apóstoles adecuadamente alineados con profetas. Como la iglesia se ha desviado de esta forma de gobierno durante los pasados dos mil años aproximadamente, es extremadamente difícil para algunos líderes de iglesias anclados en tradiciones hechas por los hombres admitir que los apóstoles deberían gobernar la iglesia hoy. Regresar al plan original de Dios para el gobierno de la iglesia requiere un cambio de paradigma: un cambio radical en nuestra manera de pensar.

Algunos líderes de iglesias, e incluso algunas denominaciones enteras, han decidido que no van a cambiar. Las Asambleas de Dios, por ejemplo, han decretado dos "papeles blancos" oficiales (declaraciones denominacionales de doctrina) sobre el asunto, uno en 1949, el otro en 2000. En ellos, declaran que la idea de que los "oficios actuales de apóstoles y profetas deberían gobernar el ministerio eclesial" es "errónea" y "una desviación de las Escrituras" y "desviación de la enseñanza". Su perspectiva es que la obra de apóstoles y profetas referenciada en el Nuevo Testamento cesó durante algún momento de la historia de la iglesia primitiva.[5] Puedo entender muy bien la posición de las Asambleas de Dios, porque refleja precisamente la posición que me enseñaron en el seminario, una posición que yo, como consecuencia, enseñé durante muchos años. Reconozco que aún es la creencia predominante entre las denominaciones cristianas. Independientemente de que esté de acuerdo o no, debo respetar el punto de vista de las

5. Resolución 7: "El nuevo orden de la lluvia tardía", Acta del Consejo General de las Asambleas de Dios, 1949, y "Avivamiento de los últimos tiempos—dirigido y controlado por el Espíritu: Una respuesta a la Resolución 16", subsección "Enseñanzas desviadas no aprobadas", decretado por el Presbiterio General del Consejo General de las Asambleas de Dios, 11 de agosto de 2000. Ambos documentos están disponibles en las Asambleas de Dios, 1445 Boonville Avenue, Springfield, MO 65802.

> *Regresar al plan original de Dios para el gobierno de la iglesia requiere un cambio de paradigma: un cambio radical en nuestra manera de pensar.*

Asambleas de Dios, simplemente porque no muchas otras iglesias han logrado tanto como ellos en el evangelismo mundial en un periodo de tiempo relativamente corto.

Otra denominación que podría estar a su altura en la obra misionera sería la Convención Bautista del Sur, que tiene una visión similar del oficio de apóstol. No culparía a ninguna de estas denominaciones si usaran la lengua vernácula y dijeran: "Si no se ha roto, ¡no lo arregle!".

Resulta que yo soy quien ha cambiado de idea, y me doy cuenta de que mi posición sigue siendo bastante controvertida para muchos. Por lo tanto, depende de mí defender mi punto lo mejor que pueda, mientras respeto las conclusiones de otros, como he intentado hacer en varios de mis anteriores libros, incluidos *Apostles Today* y *This Changes Everything*.

Aquí, me apresuro a destacar que, en mi opinión, no hay nada en el Nuevo Testamento que indique que el gobierno de la iglesia dirigido por apóstoles tuviera que cesar en algún momento. La Biblia dice: "*Y él mismo* [Jesús en su ascensión] *constituyó a unos, apóstoles; a otros, profetas; a otros, evangelistas; a otros, pastores y maestros, a fin de perfeccionar a los santos para la obra del ministerio...*" (Efesios 4:11–12). ¿Durante cuánto tiempo debía tener efecto este modelo? Dice: "*... hasta que todos lleguemos a la unidad de la fe y del conocimiento del Hijo de Dios, a un varón perfecto, a la medida de la estatura de la plenitud de Cristo*" (Efesios 4:13). Pocos líderes cristianos que conozco sienten que hemos alcanzado ya ese punto, así que, para mí, es un cuestionable ejercicio de la imaginación suponer que dos de estos cinco oficios han cesado en algún momento de la historia.

Con todo esto en mente, el gobierno bíblico de la iglesia, dirigido por apóstoles adecuadamente relacionados con los profetas, es el cimiento para la columna de la izquierda en mi gráfico.

La iglesia en el mundo laboral

En el gráfico, la columna que está construida sobre la base del gobierno bíblico de la iglesia es "La iglesia en el mundo laboral". La mayoría de nosotros supondríamos que el lugar de trabajo es donde la mayoría del pueblo de Dios pasa los seis días de la semana que no están en la iglesia. Aunque hay muchas maneras importantes en que la iglesia, o la *ecclesia*, ha sido diseñada para *funcionar*, su *composición* subyacente esencial es el pueblo de Dios. Dondequiera que encuentre al pueblo de Dios, encontrará a la *ecclesia*. Por ejemplo, cuando el pueblo de Dios está reunido como una congregación los domingos, esa es la verdadera iglesia. Y cuando el mismo pueblo de Dios está repartido por el mundo laboral de lunes a sábado, sigue siendo la misma iglesia, simplemente porque sigue siendo el pueblo de Dios. Esto es a lo que me refiero con "La iglesia en el mundo laboral". Tomando prestado el término de la sociología, me gusta referirme a la iglesia reunida como la "iglesia nuclear" y la iglesia repartida como la "iglesia extendida". Hay, por supuesto, solo una iglesia de Jesucristo, pero estas son dos formas y funciones importantes de la iglesia.

Una implicación importante del hecho de que la iglesia es siempre la iglesia es que todo lo que el pueblo de Dios haga en obediencia a Dios, ya sea como la iglesia reunida o como la iglesia extendida (la iglesia en el mundo laboral), es una forma válida de ministerio. El ministerio no está restringido a la iglesia nuclear. Contabilidad, enfermería y agricultura son formas de ministerio, tanto como dirigir la alabanza, hacer reuniones evangelístcias o pastorear una iglesia. Soy consciente de que esta forma de pensar exige un cambio de paradigma para muchas personas, pero es una posición sostenible.

Una segunda implicación, me parece a mí, es que los apóstoles, profetas y maestros deben operar en la iglesia extendida tanto como en la iglesia nuclear. La Biblia dice: "*Y a unos puso Dios en la iglesia, primeramente apóstoles, luego profetas, lo tercero maestros…*" (1 Corintios 12:28). Estamos acostumbrados a tener estos oficios en la iglesia nuclear, pero no veo razón alguna para suponer que no sean para la iglesia extendida también. Creo que tenemos apóstoles en el lugar de trabajo y que son cruciales para la gran transferencia de riqueza.[6]

De hecho, si vuelve a mirar el gráfico, verá que el único símbolo de acción, indicado por las flechas, es "Apóstoles en el mundo laboral". Con pocas excepciones, la mayoría de los apóstoles en la iglesia nuclear no tienen las habilidades y la experiencia necesarias para manejar grandes cantidades de riqueza, asegurándose de que se dirija adecuadamente para los propósitos del reino. Los apóstoles en el lugar de trabajo serían los más idoneos para recibir la gran transferencia de riqueza.

Romper el espíritu de pobreza

El fundamento de la columna de la derecha, "La transferencia de riqueza", es "Romper el espíritu de pobreza". Después dedicaré todo un capítulo a este paso indispensable en la gran transferencia de riqueza, así que no diré mucho al respecto aquí. Sin embargo, quiero enfatizar que estamos tratando aquí con nada menos que un demonio de alto rango que opera bajo la guía y autoridad de Satanás, quien, como expliqué antes, sigue operando en lo sobrenatural como "el principe de este mundo". Desgraciadamente, muchas personas han adoptado un enfoque más bien tímido y pacifista hacia el espíritu de pobreza, intentando reducirlo a una desvidada psicología social y delirio personal. Esta idea intenta evitar la confrontación sobrenatural con el mundo espiritual, enfocándose en cambio en soluciones naturales a los problemas sociales e individuales que surgen de una mentalidad de pobreza.

> *Es cierto que el espíritu maligno de pobreza produce una psicología social desviada y delirio personal, pero el primer nivel de ataque de estos problemas debería ser sobrenatural, y no simplemente natural.*

Sugiero que evitemos este enfoque. Cuando Jesús enviaba a sus discípulos, constantemente les decía que *echasen fuera* demonios; nunca les dijo que los *aconsejasen*. Podemos deducir que tratar con el

---

6. Para una discusión más detallada de esta posición, consulte el libro de C. Peter Wagner, *The Church in the Workplace* (Ventura, CA: Regal Books, 2006).

espíritu de pobreza conlleva una guerra espiritual de confrontación tanto a nivel colectivo como a nivel personal. Es cierto que el espíritu maligno de pobreza produce una psicología social desviada y delirio personal, pero el primer nivel de ataque de estos problemas debería ser sobrenatural, y no simplemente natural. En el capítulo sobre romper el espíritu de pobreza, explicaré cómo yo fui personalmente demonizado por este espíritu maligno y cómo fue expulsado de mí. Ya no me avergüenza la prosperidad, ¡la recibo con agrado!

La transferencia de riqueza

En el gráfico, las dos columnas que sujetan la barra de "Transformación social" son "La iglesia en el mundo laboral", la cual ya hemos discutido, y "La transferencia de riqueza". No conseguiremos nuestro objetivo de hacer discípulos a todas las naciones a menos que ambas columnas estén firmemente en su lugar. La riqueza disponible es esencial para una transformación sostenida. Piense en esto: a lo largo del curso de la historia humana, tres cosas, por encima del resto, han causado cambios permanentes en la sociedad: violencia, conocimiento y riqueza. ¡Y la mayor de todas es la riqueza! Este hecho es una premisa fundamental de todo este libro.

Poderes cósmicos

Por encima de todo el gráfico hay una carpa, por así decirlo, la cual he llamado "Poderes cósmicos". Esta carpa representa los esfuerzos del dios de este siglo, Satanás mismo, de impedir que el reino de Dios se manifieste en la tierra como lo hace en el cielo. Satanás está activo movilizando poderes cósmicos de las tinieblas para impedir la liberación de riqueza para el avance del reino de Dios aquí en la tierra. Previamente, expliqué cómo Jesús trajo el reino de Dios como una invasión literal del reino de

Debemos movilizar al pueblo de Dios para que se aliste a la guerra espiritual que es ofensiva, no defensiva. Si no luchamos contra los principados y potestades de las tinieblas de una manera intencional e informada, no veremos la riqueza del reino ser liberada como debiera.

Satanás, y cómo Satanás ha estado perdiendo terreno desde entonces. La invasión de Jesús y su pueblo está provocando que surja una *"gran ira"* (Apocalipsis 12:12) dentro del diablo porque sabe *"que tiene poco tiempo"* (versículo 12). Nadie sabe exactamente cuánto tiempo queda, pero, con cada nuevo día, ¡hay menos tiempo para Satanás que el que tenía el día anterior!

Por lo tanto, no podemos ignorar la actividad penetrante y agresiva de los poderes cósmicos de las tinieblas que intentan impedir la gran transferencia de riqueza. Debemos movilizar al pueblo de Dios para que se aliste a la guerra espiritual que es ofensiva, no defensiva. Si no luchamos contra los principados y potestades de las tinieblas de una manera intencional e informada, no veremos la riqueza del reino ser liberada como debiera. Este no es el momento de explicar los detalles de cómo la guerra espiritual se debe realizar, pero diré que tenemos unos recursos excelentes que nos dan la información que necesitamos para pasar a una acción agresiva.[7]

La tierra

Puede ver que ambos pilares del gráfico están cimentados en "La tierra". Debemos saber que, como consecuencia de sus actividades en los lugares celestiales, los poderes cósmicos intentan persistentemente ensuciar espiritualmente el terreno aquí en la tierra. Si no identificamos con precisión las causas de la polución del terreno en cualquier área geográfica que Dios nos haya asignado, y si no cancelamos las maldiciones que han venido sobre ese terreno usando nuestras armas de guerra espiritual, estaremos continuamente frustrados en nuestros intentos por ver liberadas las riquezas. Sin embargo, podemos conseguir la victoria. En 2 Crónicas 7:14 encontramos la promesa de Dios de que si su pueblo hace las cosas correctas, *"sanaré su tierra"*.

---

7. Para más información sobre la guerra espiritual a nivel estratégico, vea el libro de C. Peter Wagner, *Warfare Prayer: What the Bible Says About Spiritual Warfare* (Shippensburg, PA: Destiny Image, 2009); el libro de Cindy Jacobs, *Possessing the Gates of the Enemy: A Training Manual for Militant Intercession* (Grand Rapids, MI: Chosen Books [una división de Baker Publishing Group], 1991, 1994); y el libro de Rebecca Greenwood, *Authority to Tread: An Intercessor's Guide to Strategic-Level Spiritual Warfare* (Grand Rapids, MI: Chosen Books [una división de Baker Publishing Group], 2005).

En años recientes, nuestra destreza a la hora de descubrir fortalezas de oscuridad sobre la tierra se ha desarrollado drásticamente. El "mapeo espiritual", el término técnico que describe estos esfuerzos, ahora se está haciendo de manera bastante extensiva a través de los intercesores proféticos y sus equipos. El mejor libro de texto sobre mapeo espiritual es *Informed Intercession: Transforming Your Community Through Spiritual Mapping and Strategic Prayer*, por George Otis Jr. Aunque la lista de posibles fuentes de "polución del terreno" espiritual es mucho más larga, los cuatro culpables más frecuentes son (1) puentes de pacto, (2) idolatría, (3) derramamiento de sangre, e (4) inmoralidad. Si estos cuatro asuntos no se tratan con eficacia, las dos columnas centrales, la iglesia en el mundo laboral y la transferencia de riqueza, se verán obstaculizadas.

Los siete montes

Hablando de la iglesia en el mundo laboral, desarrollemos un poco el concepto de "el mundo laboral". Antes, intenté explicar mi idea en cuanto a que el pueblo de Dios constituye la iglesia, la *ecclesia*, no solo cuando está reunido un domingo sino también cuando está disperso de lunes a sábado.

Una herramienta útil para conceptualizar y diseñar estrategias para hacer avanzar el reino en el lugar de trabajo es la plantilla de los siete montes. Estamos en deuda con Lance Wallnau por traer este concepto a la atención del cuerpo de Cristo en años recientes. Según Wallnau:

La iglesia carece de poder cultural porque se enfoca en cambiar el mundo desde el Monte de la Iglesia en vez de liberar a la iglesia en el mundo laboral para leudar los siete montes... Llevar el evangelio al mundo ya no es un sencillo viaje de geografía. El mundo es una matriz de sistemas superpuestos o esferas de influencia. Estamos llamados a ir a toda la matriz e invadir cada sistema [monte] con una influencia que libere el máximo potencial de ese sistema.[8]

8. Lance Wallnau, "The Seven Mountain Mandate", en *The Reformer's Pledge*, compilado por Ché Ahn (Shippensburg, PA: Destiny Image, 2010), 187–188.

Si vemos la sociedad en general, en cualquier parte del mundo, vemos que está moldeada por los siete montes que identifica Wallnau: Religión, Familia, Educación, Gobierno, Medios, Artes y Entretenimiento, y Empresas. En cada uno de estos montes, la influencia fluye desde arriba hacia abajo, no desde abajo hacia arriba. Por lo tanto, nuestro objetivo debería ser hacer lo que sea necesario para posicionar a creyentes con mentalidad del reino en la cima de cada monte. No podemos esperar una transformación social sostenida transformando solo dos o tres montes, sino que tenemos que transformar los siete simultaneamente.

LOS SIETE MONTES

EL REINO
DE NUESTRO DIOS
AQUÍ EN LA TIERRA

RELIGIÓN   FAMILIA   EDUCACIÓN   GOBIERNO   MEDIOS   ARTES Y ENTRETENIMIENTO   EMPRESA

Ya que hay una iglesia en el mundo laboral, como hemos establecido, y como en mi opinión Dios ha asignado apóstoles y profetas como el fundamento de la iglesia (véase Efesios 2:20), es entonces razonable concluir que Dios ha colocado apóstoles y profetas en cada uno de los siete montes, no solo en el monte de la Religión. Dije esto antes, pero vale la pena repetirlo: soy consciente de que esta idea relativamente nueva comprensiblemente supone una amenaza para muchos líderes en el monte de la Religión que han asumido desde hace mucho tiempo que todo gobierno de la iglesia está localizado dentro de la esfera de su monte. Mi consejo para ellos sería que considerasen un cambio de paradigma si quieren participar en los nuevos movimientos de Dios y en la gran transferencia de riqueza. De nuevo, la única figura en el gráfico con flechas que indican acción es "Apóstoles en el mundo laboral". A menos y hasta que no se active y afirme una masa crítica de líderes en cada monte, no creo que Dios libere la riqueza que esperamos.

El reino de Dios se extiende

Quiero concluir este capítulo con una palabra de ánimo. Han pasado dos mil años desde que Jesús invadió el reino de Satanás con el reino de Dios. Aunque las cosas quizá no parezcan ir tan rápido como nos gustaría, el reino de Dios ha estado viniendo a la tierra como en el cielo desde los tiempos de Jesús. La raza humana está en una condición mucho mejor, con personas que disfrutan vidas más plenas que antes de venir Jesús. Cierto, aún tenemos una gran medida de problemas sociales serios, como injusticia, corrupción, tráfico sexual, guerra, pobreza, violencia, aborto, enfermedades y cosas semejantes. A veces, estos asuntos nos afectan tan de cerca que es difícil creer que el mundo, en general, está mejorando. El reino de Satanás aún no ha sido desmantelado del todo, así que sigue teniendo el poder de generar los tipos de males que acabo de mencionar, y otros muchos.

Sin embargo, él no tiene tanto poder como solía tener. Para empezar, la expectativa de vida en la actualidad es el doble que hace dos mil años. La prosperidad mundial ha aumentado hasta el punto de que más familias tienen tierras, cobijo, transporte y medios de comunicación, como computadoras y teléfonos celulares. Las guerras y la esclavitud ahora son excepciones a la regla de la existencia de cada día, a diferencia de como solía ser. Me animó mucho leer el libro de Steven Pinker *The Better Angels of Our Nature*, el cual detalla cómo, a lo largo de los siglos, la violencia ha descendido notablemente por todo el mundo.[9] ¿Y la pobreza? La demografía del mundo muestra que, mientras que en 1990 más del 40 por ciento de los seres humanos vivían por debajo del nivel de pobreza, en 2010 esa cifra ha caído a menos del 20 por ciento, y se espera que continúe con su tendencia descendente.[10]

9. Steven Pinker, *The Better Angels of Our Nature: Why Violence Has Declined* (New York: Viking Penguin [miembro de Penguin Group], 2011).
10. Laurence Chandy, Natasha Ledlie y Veronika Penciakova, "The Final Countdown: Prospects for Ending Extreme Poverty by 2030", The Brookings Institution, 1775 Massachusetts Avenue, NW, Washington, DC 20036.

Algunas personas podrían discutir que estos cambios positivos no son necesariamente el resultado directo de las actividades del pueblo de Dios. A ellos, les diría que tienen razón, hasta cierto punto. Primero, creo que todos pueden estar de acuerdo en que durante dos mil años, el pueblo de Dios ha estado orando: "Venga a nosotros tu reino, como en el cielo así también en la tierra", y que Dios ha estado respondiendo esa oración, aunque sus vehículos para lograrlo no siempre han estado involucrados en la iglesia. Un gráfico ejemplo de la experiencia contemporánea es la drástica reducción de la pobreza en China. En una sola generación, el gobierno de China ha liberado a unos 500 millones de personas de la pobreza, un número mayor que toda la población de E. U. En este caso, sorprendentemente, el vehículo ha sido un gobierno comunista. Y como podríamos destacar, para lograr esta hazaña, el liderazgo chino ha tenido a su disposición enormes cantidades de riqueza. De hecho, mientras escribo esto, se espera que China suplante a E. U. como la mayor economía del mundo.

Uno podría desear que este cambio social orientado al reino lo hubiera liderado el pueblo de Dios en vez de un pueblo que se confiesa ateo. Espero y oro que, en el futuro, las cosas sean diferentes. A medida que los creyentes con mentalidad del reino y motivados por el reino ocupen posiciones de influencia en los siete montes, ellos serán a quienes Dios usará para producir una transformación social incluso más rápida y profunda. Cuando ocurra esto, estaremos cumpliendo la gran comisión de Jesús.

En el siguiente capítulo le presentaré a un empresario motivado por el reino que ha marcado una diferencia importante en la oleada de transformación.

2

COMENZAR UNA EMPRESA DEL REINO EN LA ECONOMÍA DE DIOS: EL TESTIMONIO DE MANI ERFAN

Como dije anteriormente, los cristianos que son una expresión de "la iglesia en el mundo laboral" son los más aptos para recibir la gran transferencia de riqueza en el reino de Dios del mundo exterior. En este capítulo me gustaría compartir el inspirador testimonio de un hermano en Cristo que ha recibido esta transferencia de riqueza y la está usando para extender el reino de Dios por todo el mundo. El resto de este capítulo es el testimonio personal inspirado por Dios de Mani Erfan.

∿

"Te lo prometo, papá, ¡tendré éxito!". Esas fueron mis últimas palabras entre lágrimas mientras le decía adiós a mi padre. Era el año 1983, y un año antes, mi familia se había ido del país de Irán, desolado y arrasado por la guerra, para construir una nueva vida para nosotros en Inglaterra. Pero ahora, con solo dieciséis años, estaba dejando Inglaterra con esperanzas aún mayores de una vida de éxito en América, y me iba yo solo. Mientras dejaba a mi padre de pie en la puerta de embarque del aeropuerto de Heathrow, volví a gritar: "Haré que te sientas orgulloso, papá". Mi valiente sueño personal era ir a los Estados Unidos y convertirme en alguien de éxito, sin importar lo mucho que tuviera que trabajar para conseguirlo.

Durante los años siguientes, con el dinero que mi padre me podía enviar, asistí a la Universidad de Florida, con una carrera en ingeniería química. Sabía que, como ingeniero, podría conseguir un buen trabajo y vivir el sueño americano. No era cristiano en esa época, y no tenía intención alguna de serlo. Me habían educado en Irán como musulmán chií, pero nada de eso era tan importante para mí como llegar a ser exitoso financieramente en esta nueva tierra de oportunidades. ¡El mayor milagro de mi vida es que Dios tenía mucho más en su plan para mí!

¡Él es el Dios de lo sobrenatural!

El 14 de julio de 1987 fue el día de mi primera experiencia sobrenatural con Dios, un día que cambió mi vida para siempre. Tenía veintiún años y estaba aún en la universidad. Lo recuerdo como si fuera ayer, aunque han pasado casi treinta años desde entonces.

Me desperté esa mañana con el corazón pesado, agobiado por los grandes problemas de mi vida. Tenía deudas; me había casado, pero mi esposa amenazaba con dejarme; y tenía cargos del gobierno de los Estados Unidos por un delito que no había cometido. Con una fecha para un gran juicio a nueve días, mi vida parecía estar escapándose de mis manos.

Aunque parezca extraño, para este joven musulmán, las únicas personas que permanecieron a mi lado fueron una pareja de cristianos que se habían hecho amigos míos. Esa tarde, me hablaron de Jesucristo, el Salvador de sus vidas. Yo no tenía intención de hacerme cristiano ese día, pero después de oír la historia del evangelio de manera tan clara, algo sobrenatural vino sobre mí, y durante un hora, las únicas palabras que podía repetir, una y otra vez, eran: "¡Jesucristo es mi Señor y Salvador!". Tras compartir esta convicción con tres personas distintas, me puse de rodillas y oré: "¡Dios, por favor ayúdame! Señor, ¡sálvame y líbrame!".

No sabía bien quién era Jesús, ni entendía su poder para obrar milagros; pero en mi gran necesidad, hice la oración de "esperanza para el desesperanzado" a un Dios al que apenas conocía: "Si me salvas de este desastre, Señor, te serviré durante el resto de mi vida".

En ese mismo instante, la paz de Dios me sobrecogió. Su paz fluyó a través de mí, y supe en mi corazón que, de algún modo, todo iba a estar bien. Comencé a cantar una canción de alabanza al Dios que había sido un desconocido para mí durante toda mi vida. Pero ahora, quería conocer quién era Él y quién quería Él que fuera yo.

Comienzan los milagros financieros

Al día siguiente, fui al banco y experimenté el primer milagro financiero de mi vida. Un depósito sobrenatural de 2.000 dólares se había registrado en mi cuenta bancaria. ¿De dónde había salido ese dinero? Yo estaba perplejo. Dios había provisto sobrenaturalmente para mí. Yo no había pedido ese dinero; no planeaba recibirlo, pero estaba ahí. Sabía que Dios había usado algún agente humano para depositar ese dinero, pero nunca supe qué

> *Es importante para mí señalar que Dios había decidido bendecirme con milagros financierons desde los primeros días de mi salvación. Desde esos primeros días, experimenté que Dios es mi Paz y mi Provisión.*

ocurrió ni cómo llegó ahí. El resto de la semana fue una serie continua de milagros, y el viernes, todos los demás problemas que tenía se habían resuelto.

Abrumado por la bondad de Dios, decidí conocerle y servirle mientras viviera. Es importante para mí señalar que Dios había decidido bendecirme con milagros financierons desde los primeros días de mi salvación. Desde esos primeros días, experimenté que Dios es mi Paz y mi Provisión.

Ahora, casi treinta años después, vivo cada día de mi vida en medio de un milagro financiero. Por causa de la extensión del evangelio, estoy caminando personalmente en la promesa de la Palabra de Dios que se encuentra en Proverbios 13:22 (NTV): *"La riqueza de los pecadores pasa a manos de los justos"*. Esta es la transferencia de riqueza, prometida por el Señor, para el expreso propósito de *bendecir y extender el reino de Dios en la tierra hoy*. Pero el camino a esta transferencia de riqueza no siempre ha sido fácil, y he aprendido muchas lecciones espirituales vitales durante el camino que me gustaría compartir con usted.

"El dinero estaba llenando la iglesia"

En los años sucesivos a mi salvación, me gradué de la Universidad de Florida con altos honores como ingeniero químico, y mi esposa y yo nos mudamos a Texas, donde trabajé en el sector de catalización de químicos, vendiendo productos químicos para la industria de la refinería de petróleo. Fue entonces cuando Dios comenzó a hablar una palabra profética a mi vida sobre mi futuro.

Un domingo por la mañana, en 1991, estaba en mi iglesia, la iglesia original de Lakewood en Houston, Texas, dirigida por el pastor John Osteen. Antes del servicio de la iglesia, una señora afroamericana a quien no conocía se acercó a mí y me dijo: "Joven, sé que un día usted será un hombre rico".

"¿Por qué dice usted eso?", le pregunté.

"Cuando usted entró a la iglesia", respondió ella, "vi dinero cayendo de sus bolsillos por dondequiera que iba, y *el dinero estaba llenando la iglesia*".

Sorprendido, respondí: "¡Gracias! Recibo eso por fe".

Su palabra profética me bendijo mucho ese día. Aumentó mi fe de que Dios iba a usarme para bendecir a su pueblo.

Aquí hay dos puntos importantes para experimentar la transferencia de riqueza en su propia vida. Primero, entender la razón principal para esta transferencia de riqueza: para que *el dinero pueda llenar la iglesia*. Este dinero se usará para extender el reino de Dios en esta tierra. Segundo, *estar abierto a recibir la palabra profética en su vida*. Creo que eso fue un factor clave en mi experiencia personal de la transferencia de riqueza. Siempre que la palabra profética se declara en su vida, créala y recíbala. Crea la Palabra del Señor, crea las promesas de Dios, crea la palabra profética en su vida, y recíbala, aunque, en ese momento, quizá no haya nada en su vida que parezca apoyar eso. La sabiduría de Dios se mantiene por sí sola. Crea la palabra profética, porque es una palabra viva, una palabra que capacita, y una palabra que activa.

Durante ese periodo de mi vida me mentoreaba un padre espiritual, un cristiano mayor iraní llamado Emir, que poseía una exitosa empresa de alfombras y también había fundado un ministerio vibrante para alcanzar a los iraníes para Cristo. Emir me apoyó en mi caminar con el Señor y me presentó el concepto de convertirme en un empresario exitoso que podría usar su riqueza para el avance del reino de Dios. A través de la mentoría espiritual de Emir, las semillas de mi trabajo de avance del reino de Dios fueron plantadas. Dios me estaba llamando a ministrar a los iraníes, tanto en los Estados Unidos como en el Oriente Medio.

Al pensar en todas las personas que había atrapadas en la oscuridad del islam, oraba fervientemente: "Señor, quiero ser un empresario exitoso para poder ministrar mejor el evangelio sin tener que pedir dinero a otros. Quiero tener fondos suficientes para ser autosuficiente, mientras ayudo a extender tu reino". El destino profético que declaró para mi vida esa mujer desconocida de la iglesia, y mi propio deseo de servir al Señor, comenzaron a mezclarse.

Aprender a ser un siervo

En 1994, después de tres años trabajando en el sector de catalizadores del refinamiento petrolífero, tomé un trabajo nuevo en una compañía que reciclaba metal relacionada con la industria del petróleo. El Director general me presentó una desafiante cuota de ventas y la promesa de una comisión de cien mil dólares si la alcanzaba. Ese año trabajé como nunca, esforzándome por conseguir cada meta que tenía delante de mí, ¡y lo hice!

> *Aprender de otros es una parte muy importante en la preparación de la transferencia de riqueza del reino del mundo al reino de Dios.*

Sin embargo, cuando estaba ante él en su oficina panelada de madera al final del año, mi jefe confesó: "Mani, nunca pensé que pudieras vender lo suficiente como para ganar esa comisión. No puedo pagarte cien mil dólares. Quizá puedo darte veinte mil dólares".

Salí de su oficina y entré de un portazo en el almacén, caminando frustrado y enojado. Había trabajado muy duro para la organización.

Quería irme, salir ese día y no regresar nunca. Pero el Señor me habló claramente, diciendo: *Mani, no te vayas.*

"Pero, Señor", respondí, "me robaron; me mintieron".

El Señor dijo: *Ese es el sistema del mundo. Pero ellos no son tu proveedor; yo soy tu proveedor. Quédate aquí; aprende todo lo que puedas. Es como una universidad para ti. Algún día, serás mucho más rico que ellos. Tan solo aprende todo lo que puedas de esta empresa.*

Con todo mi corazón, creí que el Señor también estaba diciendo: *Mani, sé un siervo para ellos; aprende como un siervo diligente.*

Con toda la experiencia empresarial de mi jefe, él era particularmente capaz de proporcionarme esas herramientas que necesitaba para convertirme en un futuro éxito. Aprender de otros es una parte muy importante en la preparación de la transferencia de riqueza del reino del mundo al reino de Dios.

¿Cómo se aprende a ser un empresario exitoso? Uno aprende de alguien que ya es un éxito. Dios abre las puertas para que muchos hombres y mujeres cristianos aprendan un negocio o un oficio de otra persona. O quizá Dios les da la sabiduría para mejorar en un diseño para una pieza de un equipo o para desarrollar una idea empresarial lucrativa. Pero para que algo de esto ocurra, tiene que estar sirviendo y aprendiendo en el lugar donde Dios le ha llamado a estar.

Creo que el contexto de aprendizaje del Señor es mediante el servicio. Como cristianos, estamos llamados a servir a otros. Estamos llamados a servir a cristianos, y a veces, también estamos llamados a servir a no creyentes, como hizo José en el Antiguo Testamento cuando sirvió a Potifar (véase Génesis 39) y al faraón de Egipto (véase Génesis 41:1–45). Aunque el trato duro que recibió José, incluyendo la cárcel, fue injusto, siguió sirviendo a aquellos que Dios había puesto sobre él.

Durante los siete años que trabajé para esa compañía de reciclaje de metal, tuve que servir a otro hombre. No me trataron éticamente, pero seguí sirviéndole. No reduje mi esfuerzo, incluso después de mentirme. El mensaje del Señor para mí era claro: *¡Sírvele bien!* Estamos llamados a ser siervos diligentes en el Espíritu de Cristo, incluso sirviendo a los que nos tratan injustamente.

¿Cuál es el verdadero propósito del servicio? Creo que es construir nuestro carácter cristiano para que Él pueda confiarnos liderazgo espiritual. Porque cuando Él puede confiarnos liderazgo espiritual, también puede confiarnos riqueza, tanto riqueza celestial como riqueza terrenal. No reaccione indebidamente; no se rebele. Tenga diligencia y paciencia; crea en las promesas de Dios. Deje que las cosas sigan su curso según el plan de Dios.

"Quiero que comiences una empresa"

En 1998, estaba sentado en mi oficina cuando el Señor habló a mi corazón una vez más. Esta vez, me dijo: *Mani, quiero que comiences una empresa.*

"Sí, Señor, he estado esperando esto", respondí.

Quiero que formes una empresa de catalización.

Me quedé impactado. Estaba seguro de que no podía haberlo escuchado bien. "¿Catalizadores químicos para refinerías de petroleo, Señor?".

Recuerde que esta era la industria en la que había trabajado durante cinco años en el pasado. El sector de catalizadores era una industria multimillonaria. Había solo siete u ocho compañías en el mundo (todas ellas firmas multimillonarias) que vendían productos catalizadores, y sus clientes eran gigantescas empresas petroleras: Exxon, Chevron, Shell y semejantes. Era una industria técnicamente compleja con riesgos financieron asociados extremadamente altos.

"No es posible, Dios", protesté. "No tengo infraestructura. No sé cómo fabricarlo; solo sé cómo venderlo. No tengo millones de dólares para invertir en ello. Dios, ¡es imposible! Chevron, Shell, Exxon, estas empresas multimillonarias no me escucharían *jamás, nunca.* Soy un don nadie".

Batallé con la idea durante un año. Después la saqué por completo de mi mente.

Me encontraba en el nivel más alto de gerencia en mi actual posición. Después de siete años de duro trabajo, estaba dirigiendo toda la compañía y ganando más de 250.000 dólares al año. Mi esposa y yo acabábamos de tener una bebita un año antes.

Entonces llegó la calmada voz del Señor, hablando de nuevo a mi corazón: *Deja tu trabajo, Mani. Comienza la empresa de catalización.*

"No, Señor. ¿Cómo puede venir esto de ti? Mi vida es buena, Señor. No quiero cambiarla".

El Espíritu Santo me respondió con una pregunta: *Mani, ¿cuánto dinero me podrías dar hoy si me ofrecieras el diez por ciento de tus ingresos?*

"Alrededor de treinta mil dólares al año, Señor", respondí.

¿Qué puedo hacer con treinta mil dólares al año? Quiero que inviertas más en mi reino.

Me di cuenta de que, considerando la enorme necesidad de la gente en todo el mundo de oír el evangelio, mi aportación de 30.000 dólares causaría un impacto mínimo para el reino de Dios. Quería tener un impacto mayor, especialmente con mi creciente deseo de alcanzar al pueblo iraní con el evangelio de Cristo.

Mani, eres esclavo de este sistema corporativo, me dijo Dios. *Trabajas entre sesenta y setenta horas a la semana. Tienes límites en tu salario; yo soy un Dios sin límites. Pasas incontables horas y semanas en tu trabajo, y ganas centavos. Tomaré tus minutos y segundos y te daré dolares.*

El tiempo era valioso, y el tiempo era dinero. Resulta que estaba empleando mi tiempo de manera ineficaz cuando se trataba de la empresa del reino. En la economía de Dios, Él puede darle un beneficio exponencial a su tiempo. Dios puede redimir el tiempo que usted emplea (véase Efesios 5:16) y hacer que funcione mejor para usted. Dios quería que mi tiempo fuera usado así. Eso es importante recordarlo.

Pagar el precio de la obediencia

Para ser un empresario de éxito, usted necesita estar dispuesto a pagar el precio; requiere largas horas y duro trabajo. Y requiere obediencia a la guía del Señor.

Descubrí muchas lecciones en este viaje. Una de esas lecciones fue muy importante: lo que uno piensa que realmente quiere hacer, ¡no siempre es lo que el Señor le está llamando a hacer! ¿Le parece esto algo extraño? Recuerde que Él nos dice: *"Porque mis pensamientos no son los de ustedes, ni sus caminos son los míos"* (Isaías 55:8, NVI).

Yo no quería correr la aventura de comenzar una empresa de alto riesgo. Quería restringirme a la empresa del recicle de metal, un sector que sabía que podía manejar por mí mismo. Pero Dios quiere llevarle a un lugar donde tenga que depender solo de Él para que Él se lleve toda la gloria. Es un lugar donde solo su fe puede llevarle. *La obediencia, a través de la fe, puede llevarle a lugares donde su capacidad y su imaginación no pueden.* Las fronteras de su vida están limitadas solo por su fe y su obediencia. Estos son dos elementos clave de cualquier empresa de éxito, especialmente cuando está tratando con la transferencia de riqueza dirigida por Dios. Requiere una gran fe y una obediencia tremenda. Ambas son dos partes de la misma imagen.

Finalmente, en abril de 1999, Dios me habló claramente, diciendo: *Mani, sal hoy; dimite inmediatamente, o perderás la oportunidad.*

"Señor, ¿realmente tú quieres que empiece la empresa de catalización?".

Sí.

Despejé mi escritorio, recogí mis pertenencias, y salí de mi oficina. Mientras me iba, decía: "Me voy hoy. Lo siento, pero me tengo que ir".

Finalmente lo había hecho; había obedecido al Señor. Y sentí alivio.

En su sabiduría sobrenatural, Dios ya había provisto una conexión con Jim McKimmy, un exitoso empresario cristiano con el que había entablado amistad. Cuando me acerqué a Jim contándole esta nueva aventura, me dijo que estaba demasiado ocupado como para tomar más proyectos adicionales. Él ya era millonario y estaba trabajando entre 80 y 100 horas por semana en sus otras empresas.

> *Las fronteras de su vida están limitadas solo por su fe y su obediencia.*

Pero, aunque dijo que no, Jim se quedó intrigado. Acudió al Señor en oración, y Dios le dijo: *Jim, esta es tu comisión. Ayuda a este joven.* Con treinta y dos años de edad, yo necesitaba un mentor, y Dios sobrenaturalmente envió a Jim como su provisión. Como un hombre de Dios más mayor, Jim no fue solamente mi mentor espiritual, sino también mi animador emocional y apoyo financiero. Se convirtió en mi socio e invirtió medio millón de dólares en la empresa de catalización. Las asociaciones son un principio divino; no deberían estar basadas en el entendimiento humano. Con un socio enviado a usted por el Señor, puede hacer cosas que nunca podría haber hecho usted solo.

Los dos primeros años de nuestro viaje empresarial estuvieron llenos de obstáculos y desvíos. Solo a las pocas semanas, me demandó un anterior jefe. Esto me sacudió, y también puso nervioso a Jim, y me abrumó el temor al fracaso y la inmensidad de la tarea que tenía delante de mí. Encaré la posibilidad real de perderlo todo. Mi vida fue sacudida desde la base.

Yo oré: "Dios, no sé si soy capaz de hacer esto".

En mi espíritu, oí al Espíritu Santo responder: *Gracias por obedecerme. Gracias por confiar en mí. No hay nadie más en la empresa de catalización que me conozca o proclame mi nombre. Daré a conocer mi nombre en el mundo de la catalización. Se maravillarán de la empresa que yo creo, y reconocerán que yo la creé.*

Acudí a Jim con una fe renovada, y dije: "Esta empresa es de Dios; este es el mundo del reino". Ambos fuimos fortalecidos en el poder del Señor.

Poco después, la demanda legal contra mí fue anulada, y las cosas comenzaron a encajar en su lugar. Tuvimos un progreso financieron inmenso cuando una institución bancaria del extranjero nos concedió una línea de crédito de varios millones de dólares. Lo llamamos nuestra "línea milagrosa de crédito". Repito: "La riqueza del pecador está guardada para el justo". (Véase Proverbios 13:22; Zacarías 14:14). Esa línea de crédito creció con el tiempo. El banco nos prestaba el dinero para desarrollar y fabricar el producto y luego esperaba que le pagásemos cuando hubiésemos recibido el pago de nuestros clientes. Nunca nos presionaron con fechas límite en las que devolver la línea de crédito. Ningún otro banco funcionaba así, especialmente para una compañía nueva como la nuestra. Estábamos caminando en el favor de Dios.

Cuando usted confía en Dios y se lanza en fe, el favor le sigue. Hoy, catorce años después, ese banco sigue ayudándonos con nuestro movimiento de efectivo. Este es un milagro que continúa, el cual demuestra cómo trabaja Dios. Él no está atado por las reglas de los hombres; Él crea nuevas reglas.

Un gran progreso financiero

No quisiera volver a vivir esos dos primeros años difíciles. Aunque comenzamos a producir nuestro producto catalizador, teníamos pocos clientes; nuestra fe se estiró como nunca antes. Apenas ganaba 30.000 dólares al año. Aprendí a ser manso y humilde, escuchando la voz

> *Si quiere ser participante de la transferencia de riqueza, será probado en el valle de la lucha.*

de Dios. Aunque siempre había tenido éxito en las ventas, oí cientos de veces el "no" antes de oír el "sí". Sentí que me quedaba muy poco; estaba al límite de mí mismo, una vez más.

Finalmente, clamé al Señor: "Si no recibo un pedido mañana por la mañana, lo dejo". Había recibido suficientes ofertas de trabajo de otras compañías químicas; podía haber cerrado un gran trabajo nuevo.

Al día siguiente, había un pedido en mi escritorio, solo de 2.000 dólares. Comencé a reírme y también a llorar. No era mucho, pero era una respuesta a mi oración. Dios no quería que lo dejase. Así que seguí en el trazado.

Si quiere ser participante de la transferencia de riqueza, será probado en el valle de la lucha. Jesús obedeció y cumplió toda justicia; y a la vez, fue probado en el desierto. (Véase Mateo 4:1–11; Lucas 4:1–11). Dios me probó para que pudiera preguntarme a mí mismo: *¿Voy a abandonar a la primera señal de problemas, o voy a permanecer en el trazado?* Fue Dios quien me sostuvo.

En diciembre de 2001, exactamente dos años después del día que comenzamos nuestra empresa, ¡finalmente terminó la prueba de nuestra fe! Tuvimos un gran progreso económico. Los pedidos comenzaron a llegar, y recibimos dos millones de dólares en ventas solo el mes de diciembre. Un mes después, pude devolver hasta el último céntimo que Jim McKimmy había invertido en fondos de lanzamiento. Jim y yo seguimos teniendo una asociación exitosa hasta la fecha. Nuestra compañía, UNICAT Catalyst Technologies, Inc., ha prosperado desde entonces.

Durante esos dos primeros años difíciles, aprendí algunas lecciones duras del Señor. Siempre que cedía o mentía de alguna manera para conseguir un pedido, no había bendición, y por lo general, tampoco pedidos. Cada concesión tenía repercusiones a largo plazo que me costaban algo. Rebajar la calidad terminaba en un completo desastre. Dios no me permitió tomar atajos o hacer nada que no fuera ético. Eso fue bueno. Era la empresa de Dios.

En los últimos doce años, UNICAT ha sido una tremenda bendición financiera para nosotros. No somos una empresa mega millonaria, pero en el contacto con el cliente, estamos ahí arriba. Esas empresas gigantescas que yo esperaba que ser rieran de nosotros y nunca nos dieran sus negocios, como Exxon, Shell, Chevron, British Petroleum, ahora son nuestros clientes. Comenzamos fabricando y vendiendo un producto, y ahora tenemos 115 productos distintos en nuestra línea. Algunos de ellos los patentamos nosotros mismos. Con veintiséis empleados, somos una empresa de 30 millones de dólares, ¡y no tenemos deudas! Durante años pensé que sería imposible llegar a no tener deuda algún día, pero hoy somos una empresa basada en el flujo en efectivo.

En el mundo del petróleo/la química, somos reconocidos y respetados. Están las siete compañías de catalización gigantes, y luego está la nuestra, la octava compañía de catalización, actuando en todo el mundo.

Siempre les digo a mis clientes y mis competidores que ¡todo es para la gloria de Dios!

Extender el reino de Dios en la tierra

Durante estos últimos doce años, a medida que hemos prosperado financieramente, el Señor me ha dado oportunidades ministeriales más allá de lo que podía imaginar. Tenemos un ministerio de televisión que transmite el mensaje del evangelio por satélite a una audiencia de más de un millón de personas en Irán y en otros países del Oriente

Medio, donde ha cambiado miles de vidas para Cristo. He tenido el privilegio de entrenar pastores clandestinos en todo el Oriente Medio. Musulmanes radicales se han hecho amigos de Cristo y se han convertido en los "Pablos jóvenes" de hoy. Antiguas prostitutas, traficantes de droga, policías religiosos e incluso clérigos musulmanes se han convertido en discípulos de Cristo. Hemos dado esperanza a una generación desesperada. Tenemos el privilegio de discipular a naciones para Cristo.

Mediante la gran transferencia de riqueza, cientos de miles de dólares se han invertido en el reino de Dios. Hemos tenido la bendición de organizar conferencias ministeriales por todo el mundo, de organizar esfuerzos humanitarios alimentando a refugiados hambrientos del Oriente Medio, y de suplir pozos de agua a los necesitados de África. Con la transferencia de dinero que Dios ha provisto, puedo viajar a partes remotas de la tierra, buscando oportunidades de mostrar el amor de Cristo de las formas más tangibles.

Finalmente, este es el propósito de Dios al transferir la riqueza de manos de los impíos a manos de los justos. La riqueza viene de megaempresas que no pertenecen al reino de Dios. Estamos recibiendo su dinero y transfiriéndolo a un trabajo de amor para Cristo.

Cuando se nos han acercado las compañías de catalización más grandes queriendo comprarnos, siempre comparto el testimonio de lo que Dios ha hecho a través de esta empresa. El Señor me dijo hace muchos años que su nombre sería levantado en el mundo de la catalización, ¡y su palabra profética se está cumpliendo hoy!

Digo de nuevo que por causa de la extensión del evangelio, estoy caminando personalmente en la promesa de la Palabra de Dios que encontramos en Proverbios 13:22 (NVI): *"Las riquezas del pecador se quedan para los justos"*.

3

YA LLEGA LA TRANSFERENCIA DE RIQUEZA

Lo que Dios ha hecho por Mani Erfan es solo la punta del iceberg. Me gustaría sugerir que se puede encontrar una palabra de Dios para su pueblo hoy en Isaías 60:4–5:

> *Alza tus ojos alrededor y mira, todos éstos se han juntado, vinieron a ti; tus hijos vendrán de lejos, y tus hijas serán llevadas en brazos. Entonces verás, y resplandecerás; se maravillará y ensanchará tu corazón, porque se haya vuelto a ti la multitud del mar, y las riquezas de las naciones hayan venido a ti.*

Observe la palabra *"mira"*, la cual vuelve a aparecer como *"verás"*. Ver lo que aún no está implica fe. ¿Qué es fe? *"Es, pues, la fe la certeza de lo que se espera, la convicción de lo que no se ve"* (Hebreos 11:1).

Como mencioné en el primer capítulo, varios líderes cristianos hoy día están de acuerdo en que Dios está listo para liberar cantidades enormes y sin precedentes de riqueza para avanzar su reino aquí en la tierra. Creo que el tiempo oportuno para eso está muy cerca y que debemos comenzar a dar pasos que nos preparen de todas las formas posibles para esta gran transferencia de riqueza. Muchas personas tienen fe en que la riqueza de las naciones en verdad está llegando

En su reveldor libro *The Future War of the Church*, Chuck Pierce incluye un capítulo estratégico titulado "La transferencia de riqueza". En él, hace referencia a la frase de Jesús a sus discípulos acerca de las llaves del reino de los cielos, y escribe: "Dios nos está diciendo en esta hora que Él está listo para darnos llaves. Estas llaves abrirán la provisión que necesitamos para avanzar sus propósitos de pacto".[11] Pierce sigue diciendo que, para que podamos recibir y usar las llaves, debemos identificar el "dominio ilegal de estructuras satánicas de región en región"[12] y después reconocer que "la autoridad apostólica se debe establecer en un terreno si queremos recoger la cosecha de ese terreno".[13] En otras palabras, si

> *Pienso que sería razonable concluir que si se va a librar una guerra espiritual a gran escala en una región, los generales de esa guerra es muy probable que sean los apóstoles, especialmente en los seis montes a un lado del de la Religión.*

tomamos la frase de Pierce como una auténtica profecía, lo cual yo sí hago, parece existir una relación importante, y muy probablemente *esencial*, entre esta transferencia divinamente ordenada de riqueza y el don, oficio y ministerio del apóstol. Intenté poner algunas bases para esta relación en el capítulo 1.

Pierce sigue desarrollando:

> Cómo se recibe a los apóstoles es una vara de medir clave respecto a cómo el Señor liberará bendiciones o juicio sobre un territorio. Los apóstoles también tienen autoridad sobre los gobernadores demoniacos de una región. Tienen la capacidad de demostrar poder sobrenatural que atrae a toda una región a nuestro Dios que da vida.[14]

De esto, pienso que sería razonable concluir que si se va a librar una guerra espiritual a gran escala en una región, los generales de esa guerra es muy probable que sean los apóstoles, especialmente en los seis montes a un lado del de la Religión. Los intercesores y profetas también son esenciales, pero sin apóstoles, los intercesores y profetas solo tendrán una eficacia limitada.

Según como yo leo la historia, la segunda era apostólica comenzó en 2001. Soy consciente de que algunos no estarán de acuerdo, pero

11. Chuck D. Pierce y Rebecca Wagner Sytsema, *The Future War of the Church: How We Can Defeat Lawlessness and Bring God's Order to Earth* (Ventura, CA: Renew Books [una división de Regal Books], 2001), 160.
12. Ibid., 161.
13. Ibid., 162.
14. Ibid., 164.

me siento cómodo con esta interpretación. La primera era apostólica cubrió solo los tres primeros siglos aproximadamente de la existencia de la iglesia. Esta segunda era apostólica nos ha traido una nueva tarea de parte de Dios. Un importante paso hacia delante en la década de 1990 se logró ampliando nuestro enfoque de solamente la salvación individual a incluir también la transformación de la sociedad. En ese tiempo, comenzamos con un enfoque *pastoral*, usando frecuentemente el eslógan: "Alcanzando ciudades para Cristo". Sin embargo, en la década de 2000, pasamos a un enfoque más *apostólico*, con un eslógan más fuerte: "Gobernar ciudades con Cristo".

¿Cómo incorpora esto la riqueza? Permítame explicarlo.

¿Comprar un país?

En 2006, estaba en Sudáfrica cuando un apóstol que había conocido me hizo una pregunta sorprendente: "Peter, ¿quiere comprar un país?".

Tenía tanta curiosidad por descubrir de qué se trataba la pregunta que rápidamente respondí: "¡Sí! ¿Qué país?".

Él respondió: "La República Democrática del Congo".

Para continuar con el diálogo, dije: "De acuedo. ¿Cuánto cuesta?".

Él comenzó a explicarme cómo la nación se había deteriorado durante los últimos años. El gobierno, las empresas, la educación, todo estaba en un estado de caos. La enfermedad iba en aumento. La corrupción se había convertido en la norma, no la excepción. Sectores de personas estaban en guerra unos con otros. El crimen estaba barriendo la nación. El hambre y la pobreza iban en aumento. La miseria prevalecía. Esas eran las malas noticias. Pero las buenas noticias eran que mi amigo y otros apóstoles finalmente habían tenido éxito en llevar una unidad sustancial a la iglesia que previamente había estado enfrentada y muy dividida. A lo largo de los años, el evangelio había penetrado la RDC de tal forma que la mayoría de su población era cristiana. Por primera vez, la iglesia se había convertido supuestamente en una posible fuerza política. Se acercaban unas elecciones nacionales. ¿Qué se necesitaría para que los cristianos prevalecieran? ¡Dinero!

Según mi amigo, el precio para ganar las elecciones en cada provincia sería de unos modestos cincuenta mil dólares americanos, y la presidencia, la friolera de un millón de dólares. Si algún donante apareciera con esa cantidad, presumiblemente podría comprar la nación. Yo no tenía manera de saber lo precisas que eran esas cifras o proyectos. Pero el principio que había tras ellas era válido. Las elecciones pueden transformar una sociedad. Y las elecciones cuestan dinero.

Profecías para liberar riqueza

Si usted tiene oídos para oír lo que el Espíritu está diciendo a las iglesias, indudablemente ha oído en años recientes más de una profecía en cuanto a que Dios quiere liberar ahora tremendas cantidades de riqueza para avanzar su reino. Entiendo que no estamos hablando de siete u ocho cifras, sino de un número de nueve o diez. Quizá otros no estén de acuerdo, pero lo mejor que puedo deducir es que estas profecías comenzaron en torno a 1992.

Como ejemplo, recientemente oí a Khian Seng Tan de Christian Growth Resources en Singapur decir a una audiencia que él recibió por primera vez una de estas profecías en 1999. La esencia de la profecía era esta: "Estoy a punto de derramar una riqueza sin precedentes a mi esposa". Tan destacó que el tiempo de vida cuando muchos hombres gastan más dinero es cuando se casan. Su esposa es una posesión invaluable. La boda de Jesús con la iglesia se está acercando apresuradamente. Quizá no es de extrañar que Él sienta ahora que es el momento de gastar mucho dinero en su esposa. Tan sentía que la cantidad indicada sería de millones o incluso miles de millones de dólares.

Todo esto es impactante. Es impactante porque una corriente estable de profecías como esta ha estado fluyendo durante más de veinte años, pero estos recursos financieros aún no han sido liberados en la magnitud anticipada. Personalmente no tengo duda de que hemos estado oyendo la palabra veraz del Señor. Los profetas a los que he hecho referencia no son falsos profetas. Y hay muchos de ellos. Si se tratase solo de una profecía aislada, podríamos sospechar que un individuo se equivocara en lo que oyó. Pero no es solo uno. Un número sustancial de profetas reconocidos y respetados han estado de acuerdo entre sí y diciendo este tipo de cosas.

He confeccionado una lista privada de posibles fuentes de financiación que me han llamado la atención en años recientes. Algunas, siento decirlo, han resultado ser fraudulentas estafas piramidales. Otras necesitaban que ocurrieran una o dos cosas para poder generar la financiación anticipada, pero esas cosas nunca se materializaron. En otras, el dinero está en el banco o en ciertos tipos de fondos en las cantidades de las que hemos estado hablando; sin embargo, obstáculos para transferirlos al reino (ninguno de ellos considerado insuperable, por cierto) parecen haber estado impidiendo la liberación de estos recursos. Todos estos fondos han sido reservados para el avance del reino de Dios. La última vez que miré mi lista, identifiqué doce posibles fuentes de enorme financiación, excluyendo las estafas piramidales.

> *Sabemos que el propósito del propio corazón de Dios es buscar y salvar lo que se había perdido (véase Lúcas 19:10) y demostrar compasión por los pobres.*

Creo que podemos suponer, entonces, que Dios desea liberar esta riqueza. Sabemos que el propósito del propio corazón de Dios es buscar y salvar lo que se había perdido (véase Lúcas 19:10) y demostrar compasión por los pobres. En breve, es para ver venir su reino a la tierra como ocurre en el cielo.

¿Cómo se transfiere la riqueza?

Bíblicamente, parece haber tres grandes mecanismos para la transferencia divina de riqueza. Cada uno puede operar por sí solo, o se pueden combinar los tres.

1. Una transferencia sobrenatural de riqueza iniciada por Dios. Como ha sucedido con muchas de las acciones de Dios, podría estar provocada por la oración, pero no siempre. Dios puede tener sus propias razones para causar que la riquza pase de un lugar a otro; pero, en cualquier caso, la transferencia de riqueza nunca la inicia o produce el receptor.

Un buen ejemplo de esto en la Biblia ocurrió cuando los israelitas salieron de Egipto con dirección a la Tierra Prometida. Hay muchos indicadores de que, cuando llegaron al desierto, eran ricos. Su riqueza obviamente no se produjo como resultado de su trabajo haciendo ladrillos sin paja. ¿De dónde llegó?

> [Dios dijo:] *"Y yo daré a este pueblo gracia en los ojos de los egipcios, para que cuando salgáis, no vayáis con las manos vacías; sino que pedirá cada mujer a su vecina y a su huéspeda alhajas de plata, alhajas de oro, y vestidos, los cuales pondréis sobre vuestros hijos y vuestras hijas; y despojaréis a Egipto".* (Éxodo 3:21–22)

2. La creación de riqueza iniciada por el receptor en lugar de Dios. La persona que termina con la riqueza es la que la produce, por cualquier medio que él o ella elija. Esto es muy común. Es la forma en que la mayoría de la riqueza se obtiene. Los creadores de riqueza con mentalidad del reino reconocen que, de alguna manera, han sido capacitados sobrenaturalmente por Dios al menos de tres formas:

- Dios les ha provisto de un conjunto de habilidades, experiencias e ideas, una habilidad inherente para generar riqueza.
- Dios ha mejorados sus destrezas e ideas. La gente no es estática; siempre están en movimiento. Dios les ayuda a avanzar y mejorar en base a lo que tienen. Él provee nuevas experiencias para ayudarles a aprender qué hacer y qué no hacer para asegurar su riqueza. Cada año, lo hacen mejor que año anterior.
- Dios les ha dado nuevas destrezas e ideas. No solo mejoran sus destrezas inherentes, sino que Dios también provee la creatividad para entender *"consejos"* (Proverbios 8:12) y desarrollar habilidades que no habían tenido previamente.

Todo esto se mezcla con lo que muchos consideran como el texto bíblico más significativo subyacente a la hora de tratar la transferencia de riqueza, Deuteronomio 8:18: *"Sino acuérdate de Jehová tu Dios, porque él te da el poder para hacer las riquezas, a fin de confirmar su pacto…".*

Me gusta ver este versículo como un sándwich. La carne que hay en medio es *"poder para hacer las riquezas"*, pero el sándwich no está completo sin los panes encima y debajo. El pan de encima es "*acuérdate de Jehová tu Dios*". Aunque quizá sea usted el que produce la riqueza, debe reconocer que es Dios quien "*te da el poder*" para hacerlo. Y el pan de abajo es "*a fin de confirmar su pacto*". Ese es el lenguaje del Antiguo Testamento para que Dios extienda su reino en el Nuevo Testamento. La razón fundamental para la riqueza, y la motivación para producirla, debe estar relacionada con el reino de Dios, nada menos.

Vemos una buena ilustración de este principio en la vida de Abraham (anteriormente llamado Abram). La Biblia dice: "*Y Abram era riquísimo en ganado, en plata y en oro*" (Génesis 13:2). Justamente después de esto, dice que fue a un altar que él había construido: "*E invocó allí Abram el nombre de Jehová*" (Génesis 13:4). ¿Y en cuanto al establecimiento de su pacto? Dios le dijo: "*Yo soy el Dios Todopoderoso; anda delante de mí y sé perfecto. Y pondré mi pacto entre mí y ti, y te multiplicaré en gran manera*" (Génesis 17:1–2). Abraham tenía las tres partes del "sándwich", por llamarlo así, de Deuteronomio 8:18.

3. La reposesión de la riqueza que posibilita que el receptor reciba lo que es legalmente suyo. En los años pasados, algunos profetas han comenzado a hablar de *recobrar*, una palabra que no es familiar para la mayoría de la gente pero que ellos afirman que viene directamente de Dios. Es un término forense que se refiere al decreto legal que posibilita la recuperación de bienes que le han sido quitados ilegalmente a su propietario. Esto podría producirse a través de una herencia, mediante la recuperación de bienes robados, o como una rectificación de fraude o engaño. El receptor por lo general se espera que sea proactivo en el acto de la reposesión. Se tienen que hacer ciertas cosas, o las transacciones deseadas no se llevarán a cabo. Un cheque inesperado en el correo es posible pero improbable. Normalmente son necesarios trabajo y esfuerzo por parte del receptor.

> *Un cheque inesperado en el correo es posible pero improbable. Normalmente son necesarios trabajo y esfuerzo por parte del receptor.*

A menudo pienso en Zorobabel recibiendo del rey Ciro de Persia, para su pueblo Israel, lo que era legalmente suyo, lo cual un rey anterior, Nabucodonosor

de Babilonia, les había robado ilegalmente. (Véase Esdras 1:1–11).
Esto tiene que ver con la reconstrucción de Jerusalén, lo cual examina-
ré con más detalle en un momento.

4. Combinaciones de las tres. En un caso dado de transferencia
de riquezas, cualquier combinación de los métodos anteriores podría ocurrir. Creo que encontramos un ejemplo de los tres en Josué
24:13, que nos dice lo que recibieron los israelitas cuando Josué los
introdujo en la Tierra Prometida: *"Y os di la tierra por la cual nada
trabajasteis, y las ciudades que no edificasteis, en las cuales moráis; y de
las viñas y olivares que no plantasteis, coméis"*.

+   Dios inició la posesión de la tierra; ellos recibieron algo por lo
    que no habían trabajado.

+   Josué tuvo que usar las destrezas e ideas que Dios le había
    dado para luchar y ganar batallas en la tierra.

+   Los israelitas reposeyeron la tierra de Abraham, que era legal-
    mente de ellos.

Mencioné a los israelitas saliendo de Egipto como un ejemplo de
la transferencia sobrenatural de riqueza. Pero, examinándolo con más
detenimiento, se podría argumentar que fue realmente una combinación de diferentes tipos de transferencia. ¿Por qué? Inmediatamente
después de que Dios dijera a los israelitas que no se irían con las manos
vacías, Él envió a las mujeres diciendo: *"Despojaréis a Egipto"* (Éxodo
3:22). ¡Las mujeres fueron de hecho las creadoras de riqueza en ese
famoso escenario!

Reconstrucción de Jerusalén

La transformación social, o la llegada del reino de Dios a la tierra,
ha sido nuestro objetivo para desear la gran transferencia de riqueza. A
menudo mencionamos la transformación de una ciudad como una de
sus facetas. En esa misma línea, vale la pena recordar que, en la Biblia,
tenemos uno de los ejemplos más dramáticos, minuciosos y duraderos
de una transformación radical de una ciudad en la reconstrucción de la
ciudad de Jerusalén después de que los babilonios la destruyeran cuando
llevaron cautiva a Israel en el año 582 a.C. El rey Nabucodonosor había

destruido Jerusalén, pero setenta años después, el rey Ciro comenzó el proceso de restauración. Primero se reconstruyó el templo, y luego se restauraron las murallas de la ciudad.

En el proceso, podemos observar varias combinaciones de los principales mecanismos para la gran transferencia de riqueza.

Reconstrucción del templo

Esta transferencia de riqueza fue claramente sobrenatural porque fue Dios quien la inició, no hablando a uno de los profetas de Israel, como se podría esperar, sino hablando directamente al rey pagano Ciro. Él ordenó a Ciro que le construyera una casa en Jerusalén (véase Esdras 1:1–2), y Ciro fue lo suficientemente sabio para escuchar. Ciro ordenó a los ciudadanos de su reino diciendo: *"Ayúdenle [a su vecino judío] los hombres de su lugar con plata, oro, bienes y ganados, además de ofrendas voluntarias para la casa de Dios, la cual está en Jerusalén"* (Esdras 1:4).

Este fue también un caso de reposesión de riqueza porque Ciro *"sacó los utensilios de la casa de Jehová, que Nabucodonosor había sacado de Jerusalén"* (Esdras 1:7). Después dice que había ¡5.400 artículos de oro y plata! Luego, Zorobabel entró en escena, tomó el mando de la transferencia de riqueza y se aseguró de que fuera usada para el fin correcto, es decir, para la reconstrucción del templo en Jerusalén.

Restauración de las murallas

Casi setenta años después de esto, Nehemías, un israelita que tenía mucha cercanía con el nuevo rey de Persia, Artajerjes, se enteró de que Jerusalén iba cuesta abajo; estaba en una pésima condición, sin murallas que la protegieran. Se necesitaba dinero para reconstruir las murallas. Dios no inició esta transferencia de riqueza en concreto directamente, sino que comenzó con Nehemías, que oró y acudió al rey. En este caso, la riqueza llegó en forma de la madera necesaria para construir las murallas, que el rey dio gratuitamente. (Véase Nehemías 2:8).

Nehemías inició el proceso, pero yo sigo interpretando el evento como una transferencia de riqueza sobrenatural, porque los israelitas terminaron recibiendo riqueza por la que no habían trabajado ni habían producido ellos mismos. Nehemías alegremente asumió la responsabilidad y se ocupó de que las murallas fueran reconstruidas para que permanecieran durante siglos.

¿Por qué ha sido pospuesta la transferencia de riqueza?

Mencioné antes que la mejor estimación del comienzo de las profecías públicas respecto a la gran transferencia de riqueza, como lo han declarado experimentados profetas cuyos dones y oficios han sido reconocidos por respetados líderes cristianos, es 1992. Debo admitir que yo no las oí en esa fecha, porque hasta aproximadamente el año 2002 no había sentido que el Señor me estuviera hablando acerca de desempeñar un papel en las finanzas del reino. Fue entonces cuando comencé a prestar atención a tales cosas.

Según escribo este libro, han pasado veintidós años desde que Dios comenzó a decir al cuerpo de Cristo que enormes cantidades de riqueza serían liberadas para su reino. Eso es mucho tiempo, especialmente a la luz del hecho de que la mayoría de las profecías indicaban que la transferencia iba a ocurrir "muy pronto". Varias veces durante los doce años que he estado directamente involucrado en el proceso, especialmente cuando las circunstancias parecían indicar que finalmente estábamos traspasando el umbral (¡en vano!), he tenido que dedicar tiempo a preguntarle a Dios la razón del retraso. Siempre que se lo he preguntado, sus respuestas han indicado que no fue debido a que no hubiera fondos, sino más bien a que aún no era el momento oportuno para su liberación. Cuando miro atrás a estos encuentros, puedo ver claramente la sabiduría de esa revelación. La cuestión es que honestamente no estábamos listos para recibir los fondos, aunque pensábamos que sí lo estábamos.

Practicar la paciencia

Un beneficio imprevisto de la frustración de esperar es que ha causado, tanto en mí como en mucho otros, que nuestra paciencia madure. Tenemos esta seguridad en Santiago: *"Sabiendo que la prueba*

> *La paciencia es algo inherente al carácter del apóstol.*

de vuestra fe produce paciencia. Mas tenga la paciencia su obra completa, para que seáis perfectos y cabales, sin que os falte cosa alguna" (Santiago 1:3–4). En líneas generales, los apóstoles con los que estoy asociado han estado mostrando paciencia piadosa. Pablo escribió: "*Con todo, las señales de apóstol han sido hechas entre vosotros en toda paciencia*" (2 Corintios 12:12). La paciencia es algo inherente al carácter del apóstol.

Incluso así, la tentación de perder la paciencia es algo que siempre está presente. Un peligro a evitar es la urgencia de gastar dinero que aún no se tiene. ¿Cómo sucede esto? Suponga que aparecen ciertas señales que le hacen ser extremadamente confiado en que el tiempo de la transferencia financiera está llegando. Les dice sus amigos, con toda certeza: "¡La riqueza está siendo liberada!". Después, cae en la trampa de imaginarse que ya tiene la riqueza con la que soñó. Comienza a pensar tan intensamente en lo que va a hacer con el dinero, que las metas que tiene en mente para la riqueza puede parecer que de hecho están ocurriendo, al menos en su mente. Quizá incluso llega a hacer promesas financieras a otros. Después, cuando de repente surgen cincunstancias imprevistas y la riqueza anticipada no ha sido liberada, ¡quizá pueda sentir que le han dejado tirado! Tenía fe en que la transferencia iba a suceder, y ahora su fe está muerta, reemplazada por la frustración y la impaciencia. No permita que esto suceda. Es una táctica del enemigo.

La gran transferencia de riqueza no ha llegado tan rápidamente como a cualquiera nos hubiera gustado. Sin embargo, podemos extraer una lección de la vida de Abraham. Tome un momento para meditar en el siguiente pasaje:

> *Porque cuando Dios hizo la promesa a Abraham, no pudiendo jurar por otro mayor, juró por sí mismo, diciendo: De cierto te bendeciré con abundancia y te multiplicaré grandemente. Y habiendo esperado con paciencia, alcanzó la promesa.*
>
> (Hebreos 6:13–15)

No importa cuánto pueda tardar la transferencia de riqueza, dispongámonos a "esperar con paciencia". A fin de cuentas, ¿por qué no ser pacientes? Hay mucho que ganar y nada que perder.

Razones para la demora

Mientras tanto, no hace daño el hecho de analizar las posibles razones de la demora. No creo que Dios espere que seamos pasivos. Si hemos cometido errores en el pasado, Él espera que les hagamos frente, los entendamos y los corrijamos. Si hemos sido negligentes con ciertas cosas que Él nos ha llamado a hacer, Él espera que las reconozcamos y las hagamos. Si no hay nada nuevo que aprender, Él espera que mantengamos nuestros ojos y nuestros oídos abiertos y listos para el cambio.

No pretendo que mi análisis de las razones de la demora de la gran transferencia de riqueza sea exhaustivo. Indudablemente, hay otros que harán grandes aportaciones; pero de momento, hay siete razones en mi mente que vale la pena considerar. He intentado remontar algunos de estos pensamientos a comienzos de 1990, cuando Dios, mediante sus profetas, comenzó a informarnos de dónde quería Él llevarnos finalmente.

En mi opinión, la riqueza aún no ha sido liberada porque…

1. No teníamos el gobierno correcto. La mayor parte de los fondos a liberar será para avanzar el reino de Dios a través del segmento de la iglesia que ha estado oyendo lo que el Espíritu está diciendo a las iglesias, aquellos que han estado entrando en odres nuevos para recibir el vino nuevo de Dios. Soy consciente de que no todos los lectores estarán totalmente de acuerdo conmigo en este punto, pero, para reiterar mi posición, el gobierno bíblico de la iglesia está fundado sobre apóstoles y profetas. (Véase Efesios 2:20). El don y oficio de profeta comenzó a ser reafirmado en la década de 1980, y el don y oficio de apóstol comenzó a ser reafirmado en la década de 1990. Esto quizá sea un indicativo de por qué las profecías de riqueza comenzaron a ocurrir a comienzos de 1990. Sin embargo, no fue hasta 2001 cuando una masa crítica del cuerpo de Cristo reconoció del todo el gobierno bíblico que llevó al lanzamiento de la segunda era apostólica. Aun así, la transferencia de riqueza no comenzó en ese tiempo.

2. No entendíamos del todo el propósito de Dios. Hasta hace poco, el entendimiento de la mayoría de los líderes cristianos evangélicos de tendencia carismática era que el propósito supremo de Dios para nosotros era salvar almas y multiplicar iglesias. También nos dimos cuenta de que necesitábamos ayudar a los pobres y oprimidos todo lo que pudiéramos, pero muy pocos habían sintonizado con el deseo de Dios de ver ciudades y naciones enteras transformadas según los valores de su reino. Sabemos ahora que la tarea de Dios para su pueblo es recuperar el dominio de la sociedad que Satanás usurpó en el huerto del Edén. En el capítulo 1, llamé a esto el "mandato de señorear". Aún seguimos teniendo que madurar más, pero siento que actualmente tenemos el entendimiento suficiente del propósito de Dios para la riqueza que Él planea liberar para preparanos para recibirla.

3. No teníamos la actitud correcta. Desde los tiempos de Constantino, durante toda la Edad Media hacia delante, la iglesia ha estado seriamente afectada por la maldición del espíritu de pobreza. Ha sido común para los líderes cristianos mirar de reojo la riqueza material y mezclar la piedad con la pobreza. ¿Por qué liberaría Dios riqueza a alguien con una actitud tan negativa al respecto? Por fortuna, pienso que estamos superando esta falacia, y hablaré más de ello en el siguiente capítulo. Muchos hemos comenzado a intercambiar nuestra mentalidad monástica tradicional por una mentalidad de prosperidad, lo cual nos ayuda a prepararnos para cumplir la función de filántropos con mentalidad del reino.

4. No teníamos la visión completa de la iglesia. En su mayor parte, nuestra idea de la iglesia ha sido que toma la forma de congregaciones de personas que se reúnen en edificios cada domingo bajo la dirección de pastores y ancianos. Solo recientemente nuestra visión se ha expandido para reconocer que el pueblo de Dios, la verdadera *ecclesia*,

> *Hay una iglesia, pero se reúne como una iglesia nuclear los domingos, y funciona como una iglesia extendida los otros seis días.*

continúa siendo la iglesia de lunes a sábado, dondequiera que esté: en el lugar de trabajo, en el hogar, etc. Hay una iglesia, pero se reúne como una iglesia *nuclear* los domingos, y funciona como una iglesia *extendida* los otros seis días. Entender este concepto es esencial si queremos formar estrategias para señorear y recibir riqueza, y hemos estado progresando mucho en ambos puntos.

5. No reconocimos a los apóstoles en el mundo laboral. La razón principal por la que esta visión completa de la iglesia es necesaria es que ha comenzado a abrir el camino para que los apóstoles del mundo laboral, junto a los apóstoles de la iglesia nuclear, sean reconocidos y activados. No será posible que la iglesia transforme la sociedad sin la plena participación de los apóstoles en el mundo laboral. ¿Recuerda el gráfico del capítulo 1 de la Transformación Social? El único componente con flechas, indicando movimiento, era "apóstoles en el mundo laboral". Solo los líderes en el mundo laboral tienen las destrezas y el conocimiento necesarios para influenciar a los seis montes de la cultura además del de la Religión. Aún es necesaria una mayor elaboración e implementación de esta estrategia, pero creo que vamos por buen camino.

6. No teníamos una infraestructura eficiente en marcha para el manejo de los fondos. Siento que este obstáculo en la transferencia de riqueza bien podría llegar a ser el último. Después, hablaré más sobre esta necesidad de gestionar los fondos en dimensiones del reino. Bien podría ser que una razón principal para la demora de la gran transferencia de riqueza fuera que los directores deseados aún no están en su lugar.

7. No teníamos una estructura administrativa adecuada para facilitar la distribución. En años recientes, he tenido el privilegio de trabajar con varios apóstoles amigos en un intento de establecer mecanismos para lo que me gusta llamar la "filantropía estratégica para la distribución apostólica". Creo que tenemos algunas piezas importantes en su sitio, pero claramente tenemos mucho trabajo que hacer. Después, profundizaré más en la tarea de distribuir la riqueza venidera.

La gran transferencia de riqueza está en camino. ¿En cuánto tiempo? Nadie a quien conozco puede dar una fecha exacta. Sin embargo, es muy probable que esté más cerca de lo que nunca ha estado. Mientras tanto, acordemos tener en mente el mandato de Dios de Deuteronomio 8:18: *"Sino acuérdate de Jehová tu Dios, porque él te da el poder para hacer las riquezas, a fin de confirmar su pacto…"*.

4

NEUTRALIZAR EL ESPÍRITU DE POBREZA

Mi amiga Barbara Wentroble ha estado analizando algunas de las cosas nuevas que el Espíritu Santo ha estado haciendo. Ella comienza su lista con "eliminar una mentalidad de pobreza". Esto es lo que dijo:

> ... se están dando muchas profecías acerca de la transferencia de riqueza. Dios quiere posicionarnos para recibir esta riqueza para propósitos del reino. Debemos tratar cualquier mentalidad religiosa o tradicional antigua que pueda obstaculizar nuestra fe. Crea que el Señor traerá las finanzas que le ayudarán a alcanzar su destino.[15]

Wentroble es una de los muchos líderes con mentalidad del reino que están profundamente preocupados con que una "mentalidad de pobreza" es un gran obstáculo que impide que Dios libere la riqueza prometida a su pueblo. Cuando llegue la riqueza, algunas de las personas del pueblo de Dios la recibirán, pero otros no. Los que permanezcan atados por el espíritu de pobreza se lo perderán. De nuevo, creo que esta mentalidad de pobreza generalizada está causada por un espíritu demoniaco del mundo de las tinieblas. No es solo una enfermedad psicológica que se pueda curar con terapia, sino un espíritu maligno que se debe echar fuera.

Mark Pfeifer ofrece esta apta descripción del espíritu de pobreza:

> El espíritu de pobreza pone una cortina sobre nuestros ojos y temor en nuestro corazón. Roba nuestras ambiciones y sue-

---

15. Barbara Wentroble, "God Is Doing Something New", revista International Breakthrough Ministries (IbM) (enero de 2005), 1.

ños. Nos derrota con recordatorios de lo que nos falta y nos hace sentir menos que otras personas. Al final, el espíritu de pobreza nos lleva al patio trasero con una pala y un tesoro en la mano. Nos convence de que la mayor victoria que podría ganarse jamás será no perder, así que cavamos nuestro agujero y enterramos nuestros tesoros.[16]

El enemigo es muy consciente de que la gran transferencia de riqueza acelerará grandemente la expansión del reino de Dios y así, debilitará y reducirá el reino de Satanás. Como una de las tácticas demostradas diseñadas para desbaratar, o al menos retrasar, la transferencia de riqueza, Satanás despliega el espíritu maligno de pobreza con la tarea de imponer una maldición sobre el pueblo de Dios, individualmente y colectivamente. Mi objetivo en este capítulo es proporcionar algunas pautas prácticas que le ayuden a romper la maldición del espíritu de pobreza, de una vez y para siempre.

La prosperidad es la voluntad de Dios

Lo contrario a la pobreza es la *prosperidad*, y una aversión a ella reside dentro de un número alarmante de creyentes. Regresaré a este fenómeno más de una vez mientras desarrollo este capítulo, pero por ahora, quiero establecer un fundamento bíblico para afirmar que la voluntad de Dios, no solo para los creyentes sino también para la raza humana como conjunto, no es la pobreza sino la prosperidad.

En el Antiguo Testamento, esta creencia está respaldada muy bien en Deuteronomio 28: uno de los capítulos más largos de la Biblia, el cual está dividido en dos partes. La primera parte detalla las bendiciones que Dios quiere derramar sobre su pueblo. La condición para recibir estas bendiciones es que el pueblo debe obedecerle y hacer su voluntad. La segunda parte del capítulo detalla las maldiciones que el enemigo soltará sobre el pueblo de Dios si ellos deciden ignorar o desobedecer al Señor, renunciando así a su protección. El contraste entre los dos escenarios es dramático.

---

16. Mark W. Pfeifer, *Breaking the Spirit of Poverty* (Chillicothe, OH: SOMA, Inc., 2006), 6.

Esta es una de las muchas promesas en la primera parte de Deuteronomio 28: *"El Señor te concederá abundancia de bienes: multiplicará tus hijos, tu ganado y tus cosechas en la tierra que a tus antepasados juró que te daría"* (Deuteronomio 28:11, NVI). La generosidad es parte de la naturaleza misma de Dios.

Un equivalente en el Nuevo Testamento de este versículo fue escrito por el apóstol Juan: *"Amado, yo deseo que tú seas prosperado en todas las cosas, y que tengas salud, así como prospera tu alma"* (3 Juan 2). Por lo general, pensamos en la prosperidad en términos de posesiones materiales, pero este versículo demuestra que la prosperidad incluye salud e integridad en cuerpo y alma también.

Prosperidad y felicidad multifacéticas

La prosperidad, entonces, es multifacética. Podríamos decir que la prosperidad tiene un componente espiritual (una fuerte relación personal con Dios), un componente físico (buena salud), un componente social (relaciones positivas con otras personas y con la sociedad como conjunto), y por supuesto, un componente material (abundancia de dinero y posesiones). Una manera de decirlo es que todas estas cuatro facetas de la prosperidad combinadas ciertamente harían feliz a una persona, que es el estado que Dios quiere para sus hijos. La Biblia dice: *"Felices de verdad son los que tienen a Dios como el Señor"* (Salmos 144:15, NTV). Prosperidad es otra palabra para felicidad.

Hablemos un momento sobre la felicidad. Los americanos valoran mucho la felicidad. Nuestra Declaración de Independencia afirma que los seres humanos han sido dotados por su Creador de ciertos derechos inalienables, como la vida, la libertad, y la *búsqueda de la felicidad.*

Hace unos años, el prestigioso centro Pew Research Center hizo un estudio sociológico sobre la felicidad entre los americanos. Cuando leí el estudio, me quedé bastante impresionado por la forma en que los resultados parecían seguir las líneas de los cuatro distintos aspectos de la prosperidad. Por ejemplo:

- **Prosperidad espiritual:** "Los que asisten a servicios religiosos semanalmente o más a menudo son más felices que los que asisten con menos frecuencia. Los que raras veces o nunca asisten a servicios tienen menos probabilidad de decir que son muy felices".

+ **Prosperidad física:** "Las personas más saludables tienden a ser más felices".

+ **Prosperidad social:** Los investigadores admitían que no sabían bien cómo explicar esto, pero "los republicanos son más felices que los demócratas o los independientes".

+ **Prosperidad material:** "Los que tienen sueldos muy altos es más probable que sean felices".[17]

Antes de seguir avanzando, ¿está listo para un interludio de humor que no tiene que ver con la prosperidad? El estudio Pew también comentaba sobre "cuál sería el no descubrimiento más controvertido de todos", como ellos lo expresan. ¿Cuál podría ser? "Resulta que no hay ninguna diferencia significativa en la felicidad entre los dueños de perros y los dueños de gatos". ¡Usted puede sacar sus propias conclusiones de esto!

> *Que el espíritu de pobreza hace su mejor esfuerzo por distanciarse de todos aquellos a los que puede oprimir con prosperidad espiritual, física, social y material.*

Hablando en serio, un punto importante que quiero destacar aquí es que el espíritu de pobreza hace su mejor esfuerzo por distanciarse de todos aquellos a los que puede oprimir con prosperidad espiritual, física, social y material.

Prosperidad y suficiencia

Como detallaré más adelante, confieso que durante la mayor parte de mi carrera ministerial fui oprimido por el espíritu de pobreza. Por lo tanto, puedo decir que tengo experiencia en el asunto. Entre otras cosas, me aterraba pensar en que me relacionasen con el llamado evangelio de la prosperidad. Durante años, mi mente estaba llena de estudios

17. Pew Research Social & Demographic Trends, "Are We Happy Yet?" 13 de febrero de 2006, http://pewsocialtrends.org/files/2010/10/AreWeHappyYet.pdf.

de casos horribles de individuos que usaban el púlpito para obtener una ganancia personal en vez de exaltar a Jesucristo. Para distanciarme de tales personas, desarrollé este eslógan: "Dios no nos promete prosperidad, ¡sino solo suficiencia!". Me sentía muy piadoso al declarar esto, tanto en privado como en público.

Ahora que he sido liberado del espíritu de pobreza, puedo ver claramente los errores en ese tipo de pensamiento. ¿Por qué debería pedirle a Dios suficiencia? Obviamente, para poder conseguir lo que necesito. Cuando uno piensa así, sin embargo, comienza a ver lo egoísta que es esto.

Así es como Mark Gorman lo expresa:

> En varias ocasiones la gente me ha dicho orgullosamente: "No soy egoísta. Lo único que quiero es tener suficiente para pagar mis facturas". Mi respuesta es: "Bueno, quizá usted no sea egoísta, pero es egocéntrico. Debería querer más que lo suficiente para pagar sus facturas. Debería querer suficiente para tener extra, con el fin de poder ayudar a otros".[18]

Mire lo que tiene que decir al respecto el apóstol Pablo: "*Y poderoso es Dios para hacer que abunde en vosotros toda gracia, a fin de que, teniendo siempre en todas las cosas todo lo suficiente, abundéis para toda buena obra*" (2 Corintios 9:8). La abundancia es mejor que la mera suficiencia.

La pobreza es una maldición

Lo contrario a la prosperidad es la *pobreza*. La pobreza es la voluntad del diablo. ¿Qué hace la pobreza? Tiene asignada un poderoso principado demoniaco para mantener al mayor número de personas posible del mundo lo más pobres posible. Si siguen siendo pobres, nunca prosperarán. Yo llamo a este principado de oscuridad el "espíritu de pobreza".

Como mencioné antes, la primera mitad de Deuteronomio 28 describe las bendiciones que Dios derramará sobre quienes le sigan y le honren. La segunda mitad describe las maldiciones que caerán sobre

18. Mark Gorman, *God's Plan for Prosperity: A Balanced Perspective on Financial Health* (New Orleans, LA: Mark Gorman, 2004), 5.

quienes desobedecen a Dios. Para escoger solo un versículo de entre los muchos que ilustran esto, aquí está Deuteronomio 28:48: *"Servirás, por tanto, a tus enemigos que enviare Jehová contra ti, con hambre y con sed y con desnudez, y con falta de todas las cosas; y él pondrá yugo de hierro sobre tu cuello, hasta destruirte"*. Esto no es, obviamente, el "plan A" de Dios para la creación. Por eso debemos hacer todo lo posible para neutralizar el espíritu de pobreza.

Así es como lo expresa Chuck Pierce:

La Biblia enseña en términos muy firmes que la pobreza es una maldición, y el Padre no quiere que sus hijos caminen bajo una maldición. ¡Hay muchas ideas extrañas en la iglesia al respecto! Permítame ser claro. La pobreza no nos hace santos. La mayoría de los santos de la Biblia no eran pobres. Abraham era rico. Salvo un breve periodo de adversidad, Job vivió su vida con una abundancia increíble. David fue un rey que disfrutó de una riqueza tremenda.[19]

El espíritu de pobreza ha entrado en la iglesia

Una de las dificultades al intentar reunir al pueblo de Dios para neutralizar el espíritu de pobreza es que, durante años, esta fuerza demoniaca ha tenido éxito a la hora de cautivar a numerosas iglesias y líderes de iglesias bajo su malvado conjuro. La buena noticia es que cada vez más creyentes están siendo liberados de esta maldición en nuestros días. La mala noticia es que aún sigue siendo una seria realidad.

¿Cuál es la habilidad de este espíritu? Es tan hábil que de algún modo ha tenido éxito en inculcar esta mentalidad en iglesias de todo el mundo: *La piedad está directamente relacionada con la pobreza*. En otras palabras, si usted quiere ser una persona verdaderamente espiritual, cercana a Dios, no puede ser rico; es mejor ser pobre.

Para entender cómo esta idea llegó a ser tan predominante, necesitamos retroceder en la historia. Una de las peores cosas que le ocurrió a la iglesia después de los primeros doscientos o trescientos años

19. Chuck Pierce y Robert Heidler, *Restoring Your Shield of Faith: Reach a New Dimension of Faith for Daily Victory* (Ventura, CA: Regal Books, 2004), 23.

de su comienzo es que sus líderes comenzaron a pasar de su mentalidad original hebrea a una mentalidad griega. Le mentalidad griega caracterizaba al imperio romano, la cultura en la que la mayor parte de la iglesia existió después de años de una vigorosa obra misionera. La iglesia comenzó a absorber la cultura. Se convirtió en cabeza cuando el emperador Constantino hizo del cristianismo la religión oficial de todo el imperio.

Según la manera de pensar grecorromana, la existencia humana estaba dividida en dos mundos, material y espiritual, los cuales se oponían entre sí. Cuanto más material uno era, menos espiritual podía ser. Uno de los resultados de esta idea fue la separación entre clero y laicos en el cuerpo de Cristo. Obviamente, la gran mayoría de cristianos eran "materiales" y por lo tanto no eran considerados lo suficientemente espirituales para estar cerca de Dios. Eran los "laicos". Sin embargo, unos pocos eran capaces de renunciar al lado material de la vida hasta el punto de convertirse en espirituales, y fueron los designados para conectar a los laicos con el cielo. Eran los "clérigos", separados de los laicos por ordenación.

Entre el clero, como era de esperar, algunos eran más espirituales que otros. Con el paso de los años, varios de ellos decidieron distanciarse radicalmetne del mundo material formando monasterios dedicados a la espiritualidad. Eran los monjes. Para disciplinarse, los monjes hacían votos de pobreza, castidad y obediencia. Hoy día, el cristianismo, especialmente el segmento no católico, no ha retenido mucha de la pureza y obediencia monásticas. Pero, de algún modo, el ideal de pobreza ha persistido. Yo lo clasificaría como una maldición institucional. Como todas las maldiciones, ¡tiene que ser rota!

Nuestros héroes espirituales

Para ilustrar lo que estoy diciendo, me gustaría destacar dos líderes cristianos muy influyentes: en el lado católico, San Francisco de Asís (cuyo nombre ha adoptado el actual Papa), y en el lado protestante, John Wesley. Estoy seguro de que si la revista *Times* hiciera un reportaje sobre "Los 100 principales líderes cristianos de la historia", se presentarían estos dos hombres. Son modelos a imitar espirituales, auténticos héroes de la fe, ambos caracterizados por lo que me gusta llamar la "mentalidad monástica" respecto a las posesiones materiales.

San Francisco nació en una familia rica en Italia. Su padre trabajó como un exitoso importador/exportador y se convirtió en un miembro de la clase social de élite. Inesperadamente, Francisco, a la edad de veinticuatro años, renunció a su herencia familiar. En un entorno público, se desnudó y devolvió su lujosa ropa, un símbolo de estatus en ese tiempo, a su padre. El obispo de Asís, que estaba presente, se avergonzó tanto que se apresuró a cubrir con su túnica el cuerpo desnudo de Francisco. Las réplicas de esa túnica constituyen las túnicas que los monjes franciscanos visten en la actualidad. Francisco después insistió en solemnizar su matrimonio con la "Señora Pobreza" y comenzó a vivir con un sueldo de subsistencia. De hecho, justo antes de morir, Francisco se quitó su túnica y se cubrió con una túnica prestada, para mantenerse fiel a sus votos a la Señora Pobreza hasta el fin.

John Wesley, aunque regularmente manejaba grandes cantidades de dinero, mantuvo la pobreza en alta estima. Vivió su vida solamente en base a las necesidades básicas. Se dice que él dijo: "[Cuando muera], si dejo a mi partida diez libras… usted y toda la humanidad [quizá] den testimonio contra mí, de que he vivido y muerto como un ladrón". Cuando finalmente murió, el único dinero que dejó fueron unas monedas en su bolsillo y en un cajón de una cómoda.

Cuando muchos creyentes oyen historias como esta, se sienten culpables. Dicen: "Estos son maravillosos héroes de la fe, yo debería ser como ellos". Sienten que si dan su dinero y viven con un ingreso para subsistir, Dios les amará más. El espíritu de pobreza ha usado las vidas de estos hombres para implantar una "mentalidad monástica" a lo largo y ancho de la iglesia.

Sin embargo, el asunto es que una gran mayoría de creyentes no pueden llevar a cabo sus deseos de ser más como San Franciso o John Wesley. ¿Por qué? No creo que sea porque son egoístas, o carnales, o mundanos. Es simplemente porque no tienen el don espiritual de la pobreza voluntaria, la cual poseían tanto San Francisco como John Wesley. Permítame explicar a lo que me refiero.

En mis libros sobre dones espirituales, incluyo una lista de veintiocho dones espirituales, los cuales Dios, a su discreción, distribuye a los miembros del cuerpo de Cristo. Leemos en 1 Corintios 12 que así como las partes de nuestros cuerpos físicos tienen cada una su propia función para el beneficio de todo el cuerpo, cada creyente también ha recibido un don, o una combinación de dones, para el beneficio de la iglesia en general. Para ayudar a los creyentes a descubrir los dones espirituales que han recibido, incluyo una definición concisa de cada don, así como un autoinventario de 135 preguntas para ayudar a facilitar el proceso de descubrimiento.

Concluyo con que hay algo llamado un don espiritual de pobreza voluntaria. Se menciona en 1 Corintios 13:3: *"Y si repartiese todos mis bienes para dar de comer a los pobres... de nada me sirve"*. En este pasaje, Pablo está contrastando el *fruto* del Espíritu, manifestado principalmente mediante el amor, con algunos de los *dones* del Espíritu. Por ejemplo, afirma que los dones de lenguas (véase 1 Corintios 13:1) y de profecía (véase 1 Corintios 13:2) no cumplirán su propósito sin el amor. La frase "pobreza voluntaria" no se usa en la Biblia, pero he descubierto que es útil como una descripción de lo que Pablo está hablando en 1 Corintios 13:3. Esta es mi definición de pobreza voluntaria: "La capacidad especial que Dios da a ciertos miembros del cuerpo de Cristo de renunciar a las comodidades materiales y el lujo y adoptar un estilo de vida personal equivalente al de aquellos que viven en la pobreza en una sociedad dada, a fin de servir a Dios de modo mas efectivo".[20]

Así como no todas las partes del cuerpo humano son un riñón o una lengua, no todos los miembros del cuerpo de Cristo tienen el don de apóstol, o el don de misionero, o el don de dirigir la alabanza, o el don de administración. "Si todo el

> *La mayoría de las personas no tienen que adoptar una mentalidad de monasterio. ¡Necesitan una mentalidad de prosperidad! Y si prosperan, no hay razón por la que se sientan culpables por ello.*

20. C. Peter Wagner, *Sus Dones Espirituales Pueden Ayudar a Crecer Su Iglesia* (Terrassa, Barcelona: CLIE, 1980), 265, y *Discover Your Spiritual Gifts* (Ventura, CA: Regal Books, 2002, 2012), 151.

cuerpo fuese ojo, ¿dónde estaría el oído?" (1 Corintios 12:17). Algunas personas, como San Francisco y John Wesley, quizá han recibido el don espiritual de la pobreza voluntaria. Por lo tanto, esperaríamos que los creyentes que tengan el don emulen a estos héroes de la fe. Pero, en su mayor parte, no muchas personas reciben ese don. En su lugar, han recibido otros dones. La mayoría de las personas no tienen que adoptar una mentalidad de *monasterio*. ¡Necesitan una mentalidad de *prosperidad*! Y si prosperan, no hay razón por la que se sientan culpables por ello.

¿Era pobre Jesús?

Una táctica común del espíritu de pobreza es engañar a los creyentes con el mito de que Jesús era pobre. De haber sido así, entonces la pobreza sería un ideal atribuido a todos los que valoran ser semejantes a Cristo, lo cual incluiría a la mayoría de los creyentes verdaderos. Esta es una de las artimañas del diablo, diseñada para mantener a los creyentes pobres para que tengan poca influencia a la hora de avanzar el reino de Dios.

Jesús nació en la familia de José, su padre terrenal. José era carpintero, y creo que es justo suponer que era bueno en su oficio. Los buenos carpinteros tienen un sueldo razonable. Jesús no creció en una familia pobre.

José llevó a María de su ciudad natal de Jerusalén a Belén, donde Jesús nació en el pesebre de un establo para ganado. Algunos dicen que este humilde lugar de nacimiento demuestra el hecho de que la familia de Jesús era pobre. Pero no puede ser así, porque el "plan A" de José era quedarse en el hotel local. Tenía dinero suficiente para pagar una habitación decente, pero el hotel estaba lleno. ¡No había lugar! Así que José pasó al "plan B" e hizo los preparativos en el establo.

> *Para posicionarnos a fin de poder recibir la bendición de prosperidad que Dios desea, necesitamos deshacernos de cualquier idea relacionada con que Jesús era pobre.*

Poco después del nacimiento de Jesús, unos magos llegaron de Oriente a adorar al Niño. No llevaron regalos triviales. Vieron a Jesús como un rey y le llevaron regalos dignos de la realeza oriental. Me gusta la forma en que lo describe el pastor Larry Huch:

> Los programas cristianos [de Navidad] usualmente muestran a tres hombres sabios alrededor del pesebre con sus pequeños regalos: cajas pequeñas de incienso, mirra y oro. Un amigo mío investigó a los tres hombres sabios y sus obsequios. Descubrió que el oro no era único obsequio caro que le ofrecieron a Cristo. El incienso y la mirra también son sustancias caras. Además, de acuerdo con Mateo 2:1, ellos pudieron haber sido muchos hombres sabios. Estos obsequios pudieron haberle asegurado que Jesús y su familia vivieron con comodidad.[21]

Cuando uno intenta calcular el valor de esos regalos, es difícil saber la cantidad con exactitud. Pero sabemos que José pronto llevó a su familia a una excursión de dos años a Egipto, para escapar de los intentos de asesinato del rey Herodes. ¿Dos años en Egipto? José debió de haber tenido una cantidad considerable de dinero. Recuerdo oír a Peter Daniels, uno de los expertos del mundo en dinero, hablar sobre esto. Calculó que los regalos de los magos podían haber tenido un valor de ¡400 millones de dólares! Aunque esa cifra fuera demasiado alta, puede tener usted la certeza de que sus regalos valían mucho dinero.

Hay varios versículos usados por aquellos que intentan caracterizar a Jesús como alguien pobre. Uno de esos versículos es 2 Corintios 8:9: *"Porque ya conocéis la gracia de nuestro Señor Jesucristo, que por amor a vosotros se hizo pobre, siendo rico"*. Este versículo se refiere a la salida de Jesús del cielo y su llegada a la tierra, no a sus ingresos en la tierra. Otro es Mateo 8:20: *"Las zorras tienen guaridas, y las aves del cielo nidos; mas el Hijo del Hombre no tiene dónde recostar su cabeza"*. Esto sencillamente se refiere al ministerio itinerante de Jesús. Él no vivía en un hogar permanente porque viajaba continuamente.

Trece personas viajando juntas, como lo hicieron Jesús y sus discípulos, es un proyecto costoso. Sabemos que varias mujeres les acompañaban. En Lucas 8:3, la Biblia es específica: *"Juana, mujer de Chuza*

---

21. Larry Huch, *Libre al Fin: Removiendo el pasado de su futuro* (New Kensington, PA: Whitaker House, 2009), 143.

intendente de Herodes [empresaria], *y Susana, y otras muchas que le servían de sus bienes"*. Chuza era el equivalente al Secretario del Tesoro de la nación de Israel, así que los "recursos" que tenían a su disposición eran probablemente de consideración.

Para posicionarnos a fin de poder recibir la bendición de prosperidad que Dios desea, necesitamos deshacernos de cualquier idea relacionada con que Jesús era pobre.

¡Estamos progresando!

El espíritu de pobreza, a pesar de lo poderoso que ha sido en el pasado, ha estado sufriendo unos reveses significativos en años recientes. Al leer la historia actual, pienso que puedo discernir cuatro pasos destacados hacia delante para romper las maldiciones que este malvado principado impone sobre la gente, sobre unidades sociales y sobre instituciones como la iglesia. Sin duda hay más de cuatro, pero estos son los que han llamado mi atención.

1. El movimiento de la Palabra de Fe

Comenzando alrededor de principios de la década de 1970, varios líderes innovadores como Kenneth Hagin, Kenneth Copeland, Fred Price y muchos otros, comenzaron a tomar las promesas bíblicas de prosperidad de modo literal. Lanzaron un asalto frontal contra el espíritu de pobreza en iglesias. Grandes números de personas creyeron sus mensajes y los siguieron. El instituto Rhema Bible en Tulsa, Oklahoma, entrenó a líderes de todo el mundo para atar al espíritu de pobreza. Mediante este movimiento de la "Palabra de Fe", muchos creyentes comenzaron a disfrutar de prosperidad: espiritual, física y material.

No es sorprendente que miembros de la corriente principal del cristianismo, incluyendo evangélicos, pentecostales y otras denominaciones, no estuvieran preparados para aceptar un cambio de paradigma tan radical de sus mentalidades de pobreza. Desgraciadamente, algunos predicadores de la prosperidad de la primera generación se fueron a grandes extremos a la hora de exhibir su opulencia personal. Sus recién adoptados estilos de vida de abundancia fueron desagradables para muchos observadores. Los sentimientos negativos y las opiniones lanzadas a estos líderes dieron al espíritu de pobreza un punto de apoyo para seguir promoviendo su engaño de que "la piedad conlleva pobreza". El así llamado evangelio de la prosperidad recibió reseñas muy críticas de la corriente principal del cristianismo. Felizmente, sin embargo, el péndulo ha comenzado a oscilar, ya que una segunda generación de líderes de la Palabra de Fe ahora está uniendo sus manos con otros segmentos del cuerpo de Cristo. Al margen de cuáles hayan sido sus errores, el movimiento de la Palabra de Fe tuvo éxito al asestar un golpe significativo al espíritu de pobreza.

2. El movimiento de la transformación social

Hablé del movimiento de la transformación social en mayor detalle en el primer capítulo. Me gustaría destacar aquí, no obstante, que acentuar una parte específica del Padrenuestro en Mateo 6:10: "*Venga tu reino. Hágase tu voluntad, como en el cielo, así también en la tierra*", confronta a la pobreza frontalmente, porque no hay pobreza en el cielo. Entre los líderes de este movimiento, se ha desarrollado un consenso general que sugiere que el indicativo final de que cualquier unidad social dada ha sido verdaderamente transformada es la erradicación de la pobreza sistémica. Obviamente, esto conlleva un revés severo para el espíritu de pobreza.

3. El movimiento de la iglesia en el mundo laboral

Como vimos en el gráfico en el primer capítulo, el movimiento de la iglesia en el mundo laboral constituye una de las columnas que soportan la transformación social. Al analizar esto, mencioné la brecha cultural entre líderes de la iglesia nuclear y líderes de la iglesia extendida, pero me gustaría añadir un poco más de detalles en este punto.

En su estudio sociológico de las diferencias entre los dos grupos, Laura Nash y Scotty McLennan destacan que "los empresarios y los clérigos viven en dos mundos. Entre los dos grupos residen campos minados de semillas de actitudes acerca del dinero, la pobreza y el espíritu de empresa, actitudes que se pueden resumir como las de los defensores y opositores del capitalismo".[22]

---

22. Laura Nash y Scotty McLennan, *Church on Sunday, Work on Monday: The Challenge of Fusing Christian Values with Business Life* (San Francisco, CA: Jossey-Bass, 2001), 128.

Ellos siguen diciendo:

El clero tendía a representar a la empresa como un concepto global, centrado en el dinero y el beneficio… La acumulación de riqueza tenía asociaciones especialmente negativas con idolatría, pecado, materialismo, falsos valores, prioridades erróneas, egoísmo y, por encima de todas, injusticia contra los pobres… La asociación de empresa con beneficio, y beneficio con significados religiosos adversos respecto al dinero, fue tan automática que el clero tendió a subestimar su fuerza moldeando sus perspectivas y distanciándose de los empresarios.[23]

Cada vez más líderes se están sintiendo cómodos con la idea de que Dios llama a algunas perso nas al ministerio de hacer mucho dinero. ¡El espíritu de pobreza odia esto!

El resultado neto de exponer la mentalidad de pobreza en la iglesia será un despertar del agarre que el espíritu de pobreza ha tenido sobre los líderes cristianos durante siglos. La idea de que hay una iglesia extendida, la iglesia en el mundo laboral, y que sus líderes están tanto "en el ministerio" como el clero tradicional, está destinada a forjar nuevos acuerdos entre las dos partes, lo cual ablandará las actitudes del clero respecto a la prosperidad financiera. La brecha se está cerrando. Cada vez más líderes se están sintiendo cómodos con la idea de que Dios llama a algunas personas al *ministerio* de hacer mucho dinero. ¡El espíritu de pobreza odia esto!

4. El movimiento de la transferencia de riqueza

Este movimiento es el tema de todo este libro, así que no necesito desarrollar más este concepto en este momento. Pero debe ser incluido en la lista de lo que Dios está haciendo entre su pueblo para neutralizar el espíritu de pobreza.

Pasar de la pobreza a la prosperidad

Me gustaría sugerir tres pasos para vencer al espíritu de pobreza y por lo tanto pasar de la pobreza a la prosperidad.

---

23. Nash y McLennan, *Church on Sunday, Work on Monday*, 128.

Paso 1: Escuchar a los profetas

Tomemos seriamente lo que enseña la Biblia en 2 Crónicas 20:20: *"Creed en Jehová vuestro Dios, y estaréis seguros; creed a sus profetas, y seréis prosperados"*. Lo siento por los líderes que no están alineados con los profetas.

Repito: yo estuve aquejado por el espíritu de pobreza durante unos cincuenta años. Durante mis dieciséis años de servicio como misionero y viviendo con un sueldo para subsistir, me vi inmerso en la idea de que solo con sobrevivir bastaba, y que estaba mal desear abundancia. Incluso cuando regresamos a los Estados Unidos, y comencé a recibir un salario normal del Seminario Fuller, me sentía culpable por gastar dinero. Compraba mi ropa en la tienda de segunda mano del Ejército de Salvación, no me compraba un automóvil con aire acondicionado e insistía en que nuestra familia de cinco comiera una cena por semana que costara menos de un dólar. ¡Me sentía muy piadoso!

Dios tuvo que usar una serie de tres incidentes para liberarme del todo de esa maldición.

El primer incidente tuvo que ver con un profeta muy reconocido, el obispo Bill Hamon de Christian International (CI). Aunque había oído mucho acerca de él, no le conocí personalmente hasta que llegué al simposio postdenominacional que se había convocado en Fuller en 1996. Después de conocernos, hacia el final del evento, me llevó junto a otros cuatro o cinco de sus colegas de CI a una sala adjunta. No conocía mucho mi transfondo, pero aun así, dijo que Dios le había dicho que me liberase de mi "espíritu misionero de pobreza". Oró fervientemente, después tomó dinero de su bolsillo y lo sostuvo en su mano extendida. Sus amigos le imitaron. Él reunió el dinero y comenzó a dármelo. Sus siguientes palabras fueron para decir: "Este es un acto profético para romper el espíritu de pobreza. No debe diezmar este dinero. No debe entregárselo a nadie. ¡Tiene que gastarlo solo en usted y Doris! ¡Amén!".

Me quedé sin palabras, pero escuché al profeta. La cantidad final fueron 170 dólares, una gran suma para mí en esos días. Mi esposa Doris y yo gastamos ese dinero en uno de los restaurantes más caros de la ciudad y disfrutamos de una deliciosa comida, junto a una buena botella de vino. ¡Los dos estuvimos de acuerdo en que esa no era una mala manera de vivir! El espíritu de pobreza comenzó a perder su poder, pero fueron necesarios otros dos incidentes para que mi liberación fuese completa.

Paso 2: Operar en el espíritu opuesto

John Dawson, de Juventud con una Misión (JCUM), en su libro *Taking Our Cities for God*, enseña que un buen principio de guerra espiritual a nivel estratégico es operar visiblemente en el espíritu opuesto a cualquiera que sea el espíritu que está causando la opresión. Su ejemplo era la ciudad de Córdoba, Argentina, un lugar que estaba bajo la mala influencia de un espíritu de orgullo, como había descubierto su equipo de JCUM al llegar allí. Operando en el espíritu opuesto de humildad, el equipo de JCUM se posicionó alrededor del centro de la ciudad y se arrodilló en las aceras, una expresión de un corazón humillado. Dawson reporta que ese acto profético produjo unos cambios cuantiosos en la situación social de esa ciudad.[24]

El opuesto del espíritu de pobreza, como ya hemos dicho, es el espíritu de prosperidad. Mi consejo es que haga lo que sea necesario para mostrar un deseo de prosperar. Para la prosperidad espiritual, llénese del Espíritu Santo, vaya a la iglesia, ore, lea la Biblia. Para la prosperidad física, haga ejercicio, hágase exámenes médicos pertinentes, coma bien. Para la prosperidad social, escoja sus amigos con cuidado, fortalezca su matrimonio. Para la prosperidad material, aprenda a recibir abundantemente y a disfrutarlo.

El segundo incidente que me ayudó a librarme del espíritu de pobreza vino de mi amigo David Yonggi Cho, de Corea. Yo le había invitado a venir a California para hacerse cargo de las conferencias anuales de Crecimiento de la Iglesia para la comunidad del seminario Fuller. Mientras estaba allí, me dijo que había oído que el Señor me había estado usando para orar para alargar piernas acortadas, pero él nunca había visto una pierna siendo alargada. Por la providencia de Dios,

---

24. John Dawson, *Taking Our Cities for God: How to Break Spiritual Strongholds* (Lake Mary, FL: Creation House, 1989), 19.

mientras el Dr. Cho estaba aún allí, el Señor trajo un sacerdote copto a mi oficina al que, quince años atrás, le había atropellado un tren en Egipto. Tenía una pierna destrozada que era varios centímetros más corta que la otra. Con Cho observando, oré por la pierna. El poder sanador del Espíritu Santo se derramó, y la pierna se igualó en longitud con la que estaba bien. Tras las conferencias, Cho regresó a Corea.

> *El opuesto del espíritu de pobreza, como ya hemos dicho, es el espíritu de prosperidad. Mi consejo es que haga lo que sea necesario para mostrar un deseo de prosperar.*

A la semana siguiente, recibí una llamada de Kim Young Gil, pastor de la iglesia de Cho en Los Ángeles, avisándome de que Cho le había contado a su congregación lo del sacerdote copto en su sermón del domingo. Después del servicio, uno de los miembros de su iglesia, la Diaconisa Park, se acercó a él y le pidió que le preguntara al Dr. Wagner si podía orar por el rápido deterioro que estaban sufriendo los huesos de su cadera. Ella apenas podía caminar, y sus doctores le habían dicho que no se podía hacer nada, médicamente, para ayudarle con su sufrimiento. El Pastor Kim me informó que la Diaconisa Park ya estaba en un avión procedente de Corea y que planeaba llevarla a mi oficina esa tarde. Ella llegó, caminando con una muleta. Yo tuve que faltar a parte de una reunión del profesorado para verla. Pero cuando comencé a orar por ella, Dios tocó su cadera. Ella tiró la muleta a un lado, ¡y comenzó a danzar por mi oficina!

Pocos días después, la Diaconisa Park tomó un taxi hasta mi hogar y me dio un gran sobre marrón que contenía radiografías que demostraban que los huesos estaban creciendo de nuevo en su cadera. Oré por ella una vez más antes de irse, y me entregó otro sobre. Tras haberse ido, lo abrí y encontré una buena suma de dinero. Debido al espíritu de pobreza, me daba vergüenza recibir posesiones materiales que sentía que no merecía. Al domingo siguiente, llevé el dinero a mi clase de escuela dominical y lo puse en la ofrenda para los pobres. ¡Me sentí extremadamente piadoso!

En ese entonces, había estado sirviendo en el comité de Church Growth International de Yonggi Cho durante unos años, y la reunión anual en Corea estaba próxima. Cuando llegué a Corea, estaba impaciente por hablar con el Dr. Cho, personalmente, para contarle lo de la Diaconisa Park. Estaba especialmente orgulloso cuando le conté mi maravilloso acto de piedad al dar su regalo económico a los pobres. Pero, para mi sorpresa, Cho se enojó, y moviendo su dedo hacia mí me dijo: "Peter, ¡estoy avergonzado de usted! Si la diaconisa Park quisiera que su dinero fuera para los pobres, se lo habría dado a los pobres. Ella quería que usted tuviera ese dinero, ¡y usted violó su deseo!". Me quedé sin palabras con esa reprimenda inesperada de mi amigo. Pero Dios usó ese encuentro para continuar con mi liberación del espíritu de pobreza que me había estado afectando durante tanto tiempo.

Fue entonces cuando me di cuenta de que tenía que adoptar intencionalmente el espíritu opuesto a la pobreza y comenzar a disfrutar de las bendiciones de la prosperidad.

El tercer evento, que fue el toque final de mi liberación del espíritu de pobreza, llegó poco después del segundo evento. Había estado dirigiendo la Coalición Internacional de Apóstoles (ICA) durante algún tiempo cuando, en la reunión anual, el Obispo Bill Hamon entró en escena de nuevo. Me preguntó si él podía dar unas frases cortas a los asistentes. En la plataforma, recordó a la sala llena de apóstoles que yo nunca había tomado un salario por servir en ICA, y que había llegado el tiempo de recibir un regalo financiero. Él hizo que Doris y yo nos sentásemos en sillas en la primera fila y luego invitó a todos a "poner dinero a los pies del apóstol". Lo hicieron, ¡dándonos un regalo que ascendió a 15.000 dólares! Previamente, cuando aún estaba oprimido por el espíritu de pobreza, no hubiera permitido que sucediera eso; pero ahora, disfruté cada minuto. Durante nuestro vuelo de regreso a Colorado Springs, le recordé a Doris que su automóvil tenía más de diez años y que tenía más de cien mil

La Biblia nos advierte que si cubrimos nuestro pecado, "no prosperaremos". Este sería un buen momento para que examine su corazón y vea si pudiese haber algo que deba ser confesado y limpiado.

millas. Ella necesitaba un auto nuevo. Nos dirigimos directamente del aeropuerto al concesionario Toyota y usamos el regalo de la ICA como entrada para un Camry con todos los extras. ¡La prosperidad había vencido!

Paso 3: Confesar todos los pecados conocidos

Esto puede sonar evidente por sí mismo para algunos, y espero que esto no tenga que ver con muchos de ustedes, pero la Biblia es tan clara al respecto que no siento que debería descuidarlo.

> *El que encubre sus pecados no prosperará; mas el que los confiesa*
> *y se aparta alcanzará misericordia.*   (Proverbios 28:13)

Cuando pecamos, por lo general lo confesamos de inmediato, reparamos el daño que hayamos podido ocasionar, y continuamos hacia delante, limpios. Si, no obstante, intentamos esconder nuestro pecado, será difícil pasar de la pobreza a la prosperidad. La Biblia nos advierte que si cubrimos nuestro pecado, *"no prosperaremos"*. Este sería un buen momento para que examine su corazón y vea si pudiese haber algo que deba ser confesado y limpiado.

¡Se puede hacer!

Siento que no puedo terminar este capítulo sin incluir la historia de quizá la liberación más drástica del espíritu de pobreza que he tenido el privilegio de vivir. Raramente hago esto, pero voy a reproducir la historia de otro de mis libros. Si ha leído esto antes, le aseguro que vale la pena volver a leerlo.[25]

No hace mucho, Global Harvest Ministries convocó una conferencia llamada Escuela Nacional de Profetas en Middletown, Ohio. Los pastores J. C. y Lynn Collins de New Vision Outreach, un ministerio de otra parte del estado, sintieron que el Señor les había dirigido soberanamente a asistir a la conferencia, aunque no sabían cómo iban a pagarlo. Lynn estaba tan convencida de que Dios iba a hacer cosas grandes en sus vidas en la conferencia que comenzó un ayuno de veintiún días antes de que diera comienzo.

---

25. Esta historia apareció por primera vez en el libro de Wagner, *Church in the Workplace*, 72–74.

La semana antes de que ellos se fueran, su iglesia estaba quebrada. Habían dado un cheque con los últimos fondos de la cuenta bancaria de la iglesia. Acababan de perder su hogar. Su economía personal apenas les permitía comprar gasolina, registrarse en la conferencia y pagar por adelantado la factura de su motel. ¿Y la comida? El motel servía un desayuno como obsequio, pero no estaban seguros de si podrían permitirse más comidas durante la conferencia.

La primera noche de la conferencia, Cindy Jacobs tomó una ofrenda para una entrada de un nuevo edificio que Global Harvest Ministries estaba comprando. Dijo que había algunas personas en la audiencia que iban a dar todo lo que tenían para que Dios rompiera el espíritu de pobreza sobre sus vidas. Cuando la gente comenzó a pasar al frente para dar dinero, Lynn le preguntó a J. C.: "¿Sientes lo que yo estoy sintiendo?".

"Creo que no", respondió él. "¿Qué es?".

Ella dijo: "¡Creo que nosotros somos los que deberíamos darlo todo!".

J. C. accedió. Vaciaron el bolso de ella y sus bolsillos y pasaron al frente con su dinero, 112 dólares en total. Regresaron al motel esa noche con nada.

A la mañana siguiente, J. C. encontró un billete de 10 dólares que no sabía que tenía, guardado en su ropa. Era el dinero para la gasolina que necesitaban para regresar manejando las treinta y cinco millas desde su motel a la iglesia. Mientras conducían, J. C. compartió con Lynn su sueño de que ella estaba en la plataforma, dirigiéndose a toda la conferencia.

Cuando llegó la hora de comer, una extraña se acercó a los Collins, les dijo que se tenía que regresar a casa temprano, y les preguntó si querían usar un vale regalo en Gold Star Chili para comer. Ellos lo aceptaron agradecidos. Cuando regresaron de la comida, recogieron un billete de 20 dólares que trajo el viento en el suelo del estacionamiento.

Barbara Yoder fue la primera oradora en la sesión de la tarde. Durante su mensaje, algunas personas comenzaron a pasar al frente por decision propia, arrojando dinero a la plataforma. J. C. le preguntó a Lynn: "¿Sientes lo que yo estoy sintiendo?". Lo siguiente que estaban haciendo era pasar al frente y arrojar el billete de 20 dólares que acababan de encontrarse a la plataforma con el resto del dinero. Increíblemente, antes de que terminara el mensaje de Barbara, otros dos hombres, ambos desconocidos, se acercaron a J. C. ¡y le entregaron un billete de 20 dólares!

Más avanzada la tarde, Lynn se me presentó y me contó su historia. Le pregunté si podía dar su testimonio a las dos mil personas que se reunirían esa noche. Le llamé a que pasara al frente justo antes de recoger otra ofrenda para Global Harvest, como es nuestra costumbre. Sin embargo, mientras Lynn hablaba, el Señor me dijo: *Dales el dinero a ellos*. Al terminar de hablar, dije unas palabras sobre romper el espíritu de pobreza, y después saqué el billete de 100 dólares que tenía en mi cartera para emergencias. Dije: "Vamos a enviarles de regreso con algo de dinero. Les doy cien dólares de mi dinero personal, y quiero que otros cuatro pasen aquí y hagan lo mismo, ¡en este instante! ¡Vamos a bendecirles con quinientos dólares!".

El Espíritu Santo estaba obrando de forma tan poderosa contra el espíritu de pobreza que toda la multitud se levantó, se acercó a la plataforma y arrojó dinero a los pies de Lynn. Deseché la idea de tomar una ofrenda para Global Harvest esa noche y en su lugar animé a la gente a seguir pasando. Lynn estaba llorando. Llamamos a J. C. para que se uniera a ella en la plataforma. No se podían creer lo que estaban viendo. Lo habían dado todo, y ahora les estaba llegando de vuelta en abundancia. ¡Varios profetas comenzaron a declarar que el espíritu de pobreza estaba siendo roto sobre todos los presentes!

A la mañana siguiente, llamé a la plataforma a J. C. y Lynn y les entregué un sobre de dinero, no los 500 dólares que me imaginé, ¡sino 12.500 dólares! Según avanzaba el día, otras personas se acercaron a ellos para darles más dinero, ¡llegando a un adicional de 1.400 dólares!

Pocas semanas después, recibí una carta de J. C. y Lynn. Escribieron:

> Este es el diezmo de esa noche inolvidable cuando fuimos testigos de la derrota del espíritu de carencia y pobreza, no solo en nosotros, sino en todo el santuario. Desde ese día,

hemos estado recibiendo muchos testimonios de otras personas e iglesias que están experimentando lo mismo. El siguiente domingo en nuestra propia iglesia, incluso antes de compartir nuestro testimonio, recibimos la mayor ofrenda en nuestros cuatro años de historia. Durante los tres domingos pasados, ¡superamos la cantidad de la ofrenda que habíamos recibido en todo el año anterior!

Estamos recibiendo invitaciones para hablar por todos los lugares. Estamos creando una página web para que otros puedan compartir sus historias. A cada lugar donde vamos, las iglesias están experimentando la misma victoria. Hemos comenzado diez días de 24 horas de oración y ayuno. Otros pastores se están uniendo a nosotros. ¡Estamos experimentando un verdadero avivamiento y transformación en nuestra comunidad!

La lección es simple

La lección de J. C. y Lynn Collins es simple. ¿Cómo pasamos de la pobreza a la prosperidad?

+ Obedeciendo al Señor. ("Vamos a la conferencia").
+ Actuando en fe. ("Realmente no tenemos finanzas suficientes, pero aun así iremos").
+ Dando generosamente. (Escuchar la voz que te hace decir: "¿Sientes lo que yo estoy sintiendo?").
+ Humillándonos. (Lloramos cuando otros siguen arrojando dinero a nuestros pies).
+ Gozándonos por la bondad de Dios. (Recordamos "esa noche inolvidable").
+ Manteniendo la verdadera meta a la vista. (Esperamos que como resultado se produzca transformación social y avivamiento).

La gran transferencia de riqueza no llegará mientras el cuerpo de Cristo continúe permitiendo que el espíritu de pobreza actúe entre nosotros. Sin embargo, como hemos visto en este capítulo, se *puede* hacer algo al respecto. ¡Podemos neutralizar el espíritu de pobreza!

5

LAS PARÁBOLAS DE LOS ADMINISTRADORES DEL DINERO

Dos de las parábolas más conocidas de Jesús tratan sobre la administración. A una de ellas, que se encuentra en Mateo 25, se le llama "la parábola de los talentos". A la otra, en Lucas 19, se le llama "la parábola de las minas". A primera vista, podría parecer que estos pasajes son paralelos, queriendo decir que ambos cuentan la misma historia. Pero no es este el caso. Jesús se esforzó por contar dos historias distintas con propósitos similares. Sí que hay una gran cantidad de solapamiento entre ellas; sin embargo, las historias tienen vida propia.

Personalmente pienso que los dos títulos tradicionales para estas parábolas son un tanto engañosos. Desarrollaré esto más tarde, pero por ahora, permítame sugerir que un título mejor para ambas sería "las parábolas de los administradores del dinero", como refleja el título de este capítulo.

En su mayor parte, los administradores del dinero no reciben el énfasis apropiado en sermones o en seminarios y escuelas bíblicas. La percepción común es que el tema tiene que ver con el Monte de la Empresa, no con el Monte de la Religión, una actitud que le encanta al espíritu de pobreza, por cierto. En otro capítulo explicaré el concepto de que en la cadena de riqueza del reino hay cuatro eslabones esenciales para la gran transferencia de riqueza: proveedores, administradores, distribuidores y mariscales de campo. Como veremos, el eslabón de los "administradores" es el más débil. Sin embargo, al prestar atención detallada a las parábolas de los administradores del dinero, podemos comenzar a fortalecer este eslabón, haciendo más probable que Dios libere la riqueza pronto.

Voy a hacer algo aquí que no he hecho en ningún otro de mis libros. Aunque todos hemos leído estas parábolas en la Biblia y hemos oído muchos sermones explicándolas, voy a tomarme la libertad de citarlas textualmente. Sospecho que muchos lectores decidirán saltarse el volver a leer estas historias, basados en la asunción de que recuerdan el contenido. Sin embargo, le sugiero que se tome los tres minutos aproximadamente que necesitará para leerlas de nuevo, para obtener así la mentalidad espiritual que le ayudará a entender mis explicaciones de la manera más completa posible.

Mateo 25:14–30

Porque el reino de los cielos es como un hombre que yéndose lejos, llamó a sus siervos y les entregó sus bienes. A uno dio cinco talentos, y a otro dos, y a otro uno, a cada uno conforme a su capacidad; y luego se fue lejos. Y el que había recibido cinco talentos fue y negoció con ellos, y ganó otros cinco talentos. Asimismo el que había recibido dos, ganó también otros dos. Pero el que había recibido uno fue y cavó en la tierra, y escondió el dinero de su señor. Después de mucho tiempo vino el señor de aquellos siervos, y arregló cuentas con ellos.

Y llegando el que había recibido cinco talentos, trajo otros cinco talentos, diciendo: Señor, cinco talentos me entregaste; aquí tienes, he ganado otros cinco talentos sobre ellos. Y su señor le dijo: Bien, buen siervo y fiel; sobre poco has sido fiel, sobre mucho te pondré; entra en el gozo de tu señor. Llegando también el que había recibido dos talentos, dijo: Señor, dos talentos me entregaste; aquí tienes, he ganado otros dos talentos sobre ellos. Su señor le dijo: Bien, buen siervo y fiel; sobre poco has sido fiel, sobre mucho te pondré; entra en el gozo de tu señor. Pero llegando también el que había recibido un talento, dijo: Señor, te conocía que eres hombre duro, que siegas donde no sembraste y recoges donde no esparciste; por lo cual tuve miedo, y fui y escondí tu talento en la tierra; aquí tienes lo que es tuyo.

Respondiendo su señor, le dijo: Siervo malo y negligente, sabías que siego donde no sembré, y que recojo donde no esparcí. Por tanto, debías haber dado mi dinero a los banqueros, y al venir yo,

Las parábolas de los administradores del dinero 81

hubiera recibido lo que es mío con los intereses. Quitadle, pues, el talento, y dadlo al que tiene diez talentos.

Porque al que tiene, le será dado, y tendrá más; y al que no tiene, aun lo que tiene le será quitado. Y al siervo inútil echadle en las tinieblas de afuera; allí será el lloro y el crujir de dientes.

Lucas 19:11–26

Oyendo ellos estas cosas, prosiguió Jesús y dijo una parábola, por cuanto estaba cerca de Jerusalén, y ellos pensaban que el reino de Dios se manifestaría inmediatamente. Dijo, pues: Un hombre noble se fue a un país lejano, para recibir un reino y volver. Y llamando a diez siervos suyos, les dio diez minas, y les dijo: Negociad entre tanto que vengo. Pero sus conciudadanos le aborrecían, y enviaron tras él una embajada, diciendo: No queremos que éste reine sobre nosotros.

Aconteció que vuelto él, después de recibir el reino, mandó llamar ante él a aquellos siervos a los cuales había dado el dinero, para saber lo que había negociado cada uno. Vino el primero, diciendo: Señor, tu mina ha ganado diez minas. Él le dijo: Está bien, buen siervo; por cuanto en lo poco has sido fiel, tendrás autoridad sobre diez ciudades. Vino otro, diciendo: Señor, tu mina ha producido cinco minas. Y también a éste dijo: Tú también sé sobre cinco ciudades.

Vino otro, diciendo: Señor, aquí está tu mina, la cual he tenido guardada en un pañuelo; porque tuve miedo de ti, por cuanto eres hombre severo, que tomas lo que no pusiste, y siegas lo que no sembraste. Entonces él le dijo: Mal siervo, por tu propia boca te juzgo. Sabías que yo era hombre severo, que tomo lo que no puse, y que siego lo que no sembré; ¿por qué, pues, no pusiste mi dinero en el banco, para que al volver yo, lo hubiera recibido con los intereses?

Y dijo a los que estaban presentes: Quitadle la mina, y dadla al que tiene las diez minas. Ellos le dijeron: Señor, tiene diez minas. Pues yo os digo que a todo el que tiene, se le dará; mas al que no tiene, aun lo que tiene se le quitará.

La perspectiva tradicional

Una vez que hemos leído estas parábolas, prestando mucha atención a los detalles, se hace evidente que los títulos tradicionales, "la parábola de los talentos" y "la parábola de las minas", de hecho no ayudan mucho a ver el punto que Jesús está intentando establecer.

Por ejemplo, la palabra original en griego *talenton* se refiere a una medida de dinero, como "dólar" o "peso". Sin embargo, la palabra *talento*, aunque está derivada de la misma palabra griega, actualmente no se usa respecto al dinero. Hoy día la usamos para referirnos a una capacidad natural, especial, una aptitud o, en círculos cristianos, un don espiritual. Para nosotros, una "persona talentosa" puede estar o no en control de una riqueza destacada.

Permítame subrayar mi punto haciendo referencia a uno de los eruditos más respetados de nuestros días en el Nuevo Testamento, Donald Hagner, quien dicho sea de paso, es también amigo personal. Hagner ha escrito un comentario exegético enorme de mil páginas sobre el libro de Mateo, uno de los mejores que tenemos en la actualidad. Digo esto porque su opinión sobre los "talentos" representa de forma precisa la interpretacion tradicional de los eruditos que comparten la mayoría de los pastores que yo conozco. Quiero dejar claro que no estoy intentanto criticar a Hagner en lo más mínimo, sino que tan solo lo estoy usando como un ejemplo del pensamiento que existe entre la mayoría del cuerpo de Cristo.

Hagner dice:

> Por supuesto que el asunto que realmente tenemos entre manos [en Mateo 25:14–30] no es el dinero... los "talentos" probablemente simbolizan dones y habilidades personales... Es apropiado, sin embargo, que la unidad monetaria referida aquí es el "talento", la palabra griega que es la raíz de la palabra común "talento", [que significa] "aptitud especial" o "don". Algo así... es lo que se da a entender aquí en vez del dinero literalmente.[26]

---

26. Donald A. Hagner, *Matthew 14–28*, Vol. 33B de *Word Biblical Commentary* (Nashville, TN: Thomas Nelson Publishers, 1995), 734, 737.

La mayoría de los sermones predicados sobre esta parábola exhortan a los creyentes a ser buenos administradores de sus talentos personales, como la hospitalidad, o la enseñanza, o trabajar con niños, o cantar en el coro, o evangelizar, o la contabilidad; cualquiera que sea el don que tengan. Supuestamente, estos están entre los "talentos" que Dios espera que ellos multipliquen, y que no entierren en la tierra. Eso resume la perspectiva pastoral tradicional de las parábolas.

La perspectiva apostólica

Creo, especialmente desde que estamos ahora en la segunda era apostólica, que podemos comenzar a tener una idea más literal de estas parábolas. Me gusta pensar en ello como una perspectiva *apostólica*, en claro contraste con la anterior perspectiva *pastoral, tradicional*. Admitamos que estas parábolas son, de hecho, acerca de administrar dinero, e interpretémoslas en consonancia.

Para comenzar, tenemos que usar números. Investigué los valores respectivos de "minas" y "talentos" y encontré que los eruditos de reputación han llegado a conclusiones distintas respecto a su valor. No hay un consenso general. Tras revisar varias fuentes, finalmente me di cuenta de que necesitaba sacar mi propia conclusión. Y así, en la economía actual, valoro la mina en diez mil dólares y el talento en un millón de dólares. Lo primero que viene a mi mente es la enorme diferencia entre ellas. Como los pasajes de Mateo y de Lucas no son pasajes paralelos, la diferencia entre las dos cantidades monetarias es comprensible. De hecho, incluso hoy día, algunos administradores monetarios se sienten cómodos con cantidades más pequeñas, como minas, mientras que otros se sienten más cómodos con cantidades más grandes, como talentos.

Al margen de cuáles sean los valores respectivos, el enfoque de ambas parábolas obviamente no es el dinero mismo ("talentos" o "minas") sino más bien lo que la gente hace con el dinero ("administradores del dinero"). Si se nos permitiera fundir algunas de las similitudes entre las dos historias, encontraríamos que hay cuatro individuos mencionados:

1. El propietario, o director general, de la empresa, obviamente una persona de riqueza
2. Empleado A
3. Empleado B
4. Empleado C

Veamos estas cuatro personas una a una.

1. El propietario, o director general

Hay seis observaciones que me gustaría hacer respecto al propietario, o director general, de la empresa:

1. Tiene una empresa de algún tipo, y es un empresario de éxito. Por consiguiente, es una persona de medios considerables.

2. Quiere obtener beneficios. Este es un deseo normal y aceptable de un empresario, contrario a la predicación de algunos pastores que están influenciados por el espíritu de pobreza. Imagino que los eruditos bíblicos que se retiran de las implicaciones financieras obvias de las parábolas podrían estar bajo la misma influencia.

3. Su vehículo para obtener beneficios es el negocio financiero. ¿Cómo lo sabemos? Tanto en Mateo como en Lucas, se menciona el "comercio". Esto merece alguna explicación.

Mateo 25:16–17 dice: *"El que había recibido los cinco talentos, enseguida fue y **negoció** con ellos y ganó otros cinco talentos. Asimismo el que había recibido los dos talentos ganó otros dos"* (LBLA). La palabra *"negoció"* viene de la palabra griega *ergazomai*, que significa "trabajar" o "intercambiar". Es un término genérico para hacer negocios. Tenemos que ir a Lucas para encontrar una palabra más específica relacionada con el negocio financiero.

Lucas 19:15 dice: *"Y sucedió que al regresar él, después de haber recibido el reino, mandó llamar a su presencia a aquellos siervos a los cuales había dado el dinero, para saber lo que habían ganado **negociando**"* (LBLA). Esta es una palabra griega más enfática, *diapragmateuomai*, un término del mundo financiero de la época, que significa "ganar mediante el comercio".

El comercio financiero adquiere muchas formas, por supuesto. ¿Qué forma entonces está implícita aquí? Es un hecho que la palabra misma no especifica la forma, pero creo que hay una fuerte probabilidad de que el comercio pudiera haber sido en torno al área de lo que hoy llamamos "cambio" o "cambio de moneda". ¿Cómo llegué a esta conclusión?

Historicamente, el cambio de moneda era la forma original de negocio en el mundo de mercado financiero, remontándonos a los imperios egipcio y babilónico. Un agente de cambio que conozco destacaba en tono humorístico: "¡Es probablemente la segunda profesión más antigua del mundo!".

Por lo tanto, en el tiempo de Jesús, el cambio era algo que se practicaba. Un ejemplo que encontramos en la Biblia está relacionado con los cambistas del templo. Estaban negociando con las monedas romana y griega de los peregrinos religiosos que acudían a Jerusalén a buscar monedas tirias, la única moneda aceptada en el templo. Observe que Jesús no condenó la práctica del cambio de moneda en sí, ni la venta de palomas para sacrificios del templo. Sus razones para limpiar el templo fueron (1) la corrupción que aparentemente se estaba produciendo (Jesús llamó al templo *cueva de ladrones* [Mateo 21:13]); y (2) el hecho de que el templo era el lugar erróneo para hacer estos negocios, ya que se suponía que debía ser una casa de oración para todas las naciones, no un mercado.

4. El propietario, o director general, de la empresa conoce el potencial de sus empleados. En Mateo, confía diferentes cantidades a sus empleados, *"a cada uno conforme a su capacidad"* (Mateo 25:15). Según nuestras cifras, le da a uno 5 millones de dólares, a otro 2 millones de dólares, y a otro 1 millón de dólares. En Lucas, todos reciben la misma cantidad, pero es una cifra más baja, 10.000 dólares a cada uno.

5. Les ordena que negocien. Les dice, *"Negociad entre tanto que vengo"* (Lucas 19:13). La palabra griega traducida como *"negociad"* es *pragmateuomai*, que significa específicamente "negocio financiero", como vimos arriba.

6. Se mantiene al margen. Como conoce sus habilidades, después de darles los recursos necesarios, deja que ellos hagan lo que quieran.

Los empleados, no el jefe, son los responsables de los resultados de sus propias actividades.

Así pues, ¿qué hicieron?

2. Empleado A

En Mateo, el empleado A negoció sus 5 millones de dólares y ganó otros 5 millones, devolviéndole así 10 millones a su jefe. Su ganancia fue del cien por ciento.

En Lucas, el empleado A negoció sus 10.000 dólares y ganó 100.000 dólares, devolviéndole 110.000 dólares al jefe. Su ganancia fue del mil por ciento.

3. Empleado B

En Mateo, el empleado B negoció con sus 2 millones y ganó otros 2 millones, devolviendo 4 millones al jefe. Su ganancia fue del cien por ciento.

En Lucas, el empleado B negoció sus 10.000 dólares y obtuvo 50.000, devolviéndole a su jefe 60.000 dólares. Su ganancia fue del 500 por ciento.

En este momento, es interesante observar que el beneficio económico para los Empleados A y B en las dos parábolas fue tan bajo como el 100 por ciento y tan alto como el 1.000 por ciento. ¿Es este un beneficio anual? Las parábolas no lo dicen. La única referencia al tiempo es que el jefe, en ambos casos, se fue de viaje. La mayoría de los viajes no son de un año de duración, y no hay nada en las parábolas que nos haga pensar que esos viajes duraron tanto. En Mateo, dice que el director general se fue durante *"mucho tiempo"* (Mateo 25:19), pero no especifica la duración de su viaje. Supongo, por lo tanto, que el tiempo para ganar estos beneficios tan buenos fue menor de un año. Los empleados A y B fueron ambos elogiados como *"buen siervo y fiel"* (Mateo 25:21, 23).

4. Empleado C

El empleado C no fue un siervo bueno y fiel. En Mateo, el empleado C enterró su millón de dólares. En Lucas, el empleado C envolvió sus 10.000 dólares en un pañuelo y lo escondió. Ambos devolvieron a su jefe el dinero intacto, pero ninguno de ellos lo usó para negociar.

¡Ambos cometieron un grave error! Cuado regresaron sus jefes, les tacharon de *"malo"* (Mateo 25:26; Lucas 19:22) y *"negligente"* (Mateo 25:26).

¿Cuál fue el problema de ambos empleados C? ¡El temor! ¿Temor a qué? Temor a dos cosas:

+ Temor al jefe
+ Temor a asumir un riesgo

Como bien saben todos los negociantes financierons de éxito, hay dos banderas rojas psicológicas intrínsicamente involucradas en el comercio: temor y egoísmo. Sucumbir a cualquiera de ellas puede acabar rápidamente con un negociante. Otras parábolas de Jesús tratan del factor egoísmo. En estas parábolas, sin embargo, el empleado C sucumbió al temor.

> *Como bien saben todos los negociantes financierons de éxito, hay dos banderas rojas psicológicas intrínsicamente involucradas en el comercio: temor y egoísmo. Sucumbir a cualquiera de ellas puede acabar rápidamente con un negociante.*

El temor al jefe era irracional. ¿Por qué digo esto? Porque los empleados A y B conocían al jefe igual de bien que el empleado C, y no le tuvieron miedo. Era un empresario normal que quería obtener un beneficio. No se dice nada malo acerca de él en las parábolas.

Sin embargo, el empleado C estaba obviamente convencido de que el jefe era un mal hombre. Le acusó de "segar donde no sembró" (véase Mateo 25:24) y de "tomar lo que no puso" (véase Lucas 19:21). La primera de estas acusaciones invoca al gremio de la agricultura, mientras que la segunda habla del mundo de la banca.

¿Por qué no molestó esto a los empleados A y B? Porque ellos eran negociantes expertos. Entendían cómo se puede hacer beneficio con el negocio. El cambio y la agricultura son distintos. El cambio y la banca son distintos. Nos guste o no, en el negocio financiero, cuando hace un buen negocio usted recibe el dinero de alguien que hizo un mal negocio. Uno de hecho *toma* lo que otro ha puesto. Estas son simplemente las reglas del juego del comercio. El propietario estaba jugando con las reglas del negocio, no con las de la agricultura o la banca. Al negociar, usted puede lograr beneficios del 100 por ciento e incluso del 1.000 por ciento, pero para hacerlo, debe asumir riesgos.

En cada parábola, el temor del empleado C le impidió asumir un riesgo. Ni tan siquiera intentó un plan B más seguro. El propietario dijo: *"Debías haber dado mi dinero a los banqueros, y al venir yo, hubiera recibido lo que es mío con los intereses"* (Mateo 25:27). En otras palabras, aunque la banca podría haber producido un beneficio de solo entre el 5 y el 10 por ciento en vez del 100 por ciento o más, al menos hubiera estado libre de riesgo. No sabemos qué habría ocurrido si el empleado C hubiera abierto una cuenta bancaria en vez de esconder el dinero, pero imagino que probablemente habría sido degradado o castigado en vez de ser despedido directamente.

Otro pensamiento viene a mi mente. Imagine que el empleado C hubiera asumido el riesgo y negociado el dinero y lo hubiera perdido. Esto está fuera de lo que vemos en la parábola de Jesús, pero sería razonable imaginarse que el propietario no hubiera sido tan duro con él. Inherente al mismo concepto del riesgo está la posibilidad de fracaso y pérdida. Todo negociante experimentado ha tenido tanto pérdidas como ganancias. Habría sido poco común que los empleados A y B no hubieran tenido algunas pérdidas en su camino hacia las ganancias finales.

En cualquier caso, la triste suerte del empleado C se expresa vívidamente en algunas versiones de la Biblia, donde cada talento se dice que costaba 1.000 dólares en vez de mi estimación de 1 millón. Sin embargo, el principio es el mismo. El propietario dice que tomen los mil y se los den al que más arriesgó, y que se deshicieran del que no se arriesgó para arrojarlo a las más oscura tinieblas. (Véase Mateo 25:28).

Esta es una perspectiva muy importante de la actitud de Dios hacia la responsabilidad fiscal: a Él no le gusta nada

> *Esta es una perspectiva muy importante de la actitud de Dios hacia la responsabilidad fiscal: a Él no le gusta nada la riqueza improductiva.*

la riqueza improductiva. En las Escrituras, un hombre que construyó más graneros para su grano es criticado porque estaba acumulando riqueza improductiva. (Véase Lucas 12:13–21). El dinero no debe ser un fin en sí mismo sino una herramienta que usamos en el reino de Dios. El error del empleado C fue asegurar dinero improductivo en vez de usarlo para hacer el bien.

La buena noticia

Suficientes malas noticias para el empleado C. Ahora la buena noticia respecto a los empleados A y B. Su negocio produjo cuatro buenos resultados.

1. Asumieron riesgos y lograron beneficios financieros, entre el 100 y el 1.000 por ciento.

2. El jefe quedo satisfecho, porque es quien les animó a asumir los riesgos y cambiar su dinero. Les había dicho *"negociad"* (Lucas 19:13), o cambiar el dinero, hasta que regresó.

3. Ellos recibieron una buena comisión. No muchos pastores que predican sobre las parábolas tratan este punto, debido a lo que percibo que es un espíritu generalizado de pobreza en nuestras iglesias. Aunque hay algunas notables excepciones, el clero, en general, tiende a considerar el motivo de conseguir beneficios como algo carnal.

En Lucas, los empleados A y B recibieron ascensos a posiciones bien remuneradas como compensación por su exitoso comercio: *"Está bien, buen siervo; por cuanto en lo poco has sido fiel, tendrás autoridad sobre diez ciudades"* (Lucas 19:17). El empleado A recibió diez nuevas vías de ingresos: una de cada ciudad. El empleado B recibió cinco ciudades: cinco nuevas vías de ingresos. Además de todo esto, ¡el empleado A recibió el bono añadido del dinero improductivo del empleado C!

En Mateo la comisión fue incluso mayor. El jefe se dirigió a ambos empleados A y B cuando dijo: *"Entra en el gozo de tu señor"* (Mateo 25:21). ¿Qué significa realmente esto? Significa que iban a ser tan prósperos como su jefe, es decir, serían ascendidos a socios. En el mismo versículo en otra traducción el jefe le dice al empleado que por hacer un buen trabajo será socio suyo. ¡Una asociación es una recompensa muy buena, sin duda!

4. Terminaron siendo prósperos. *"Porque al que tiene* [al que negocia bien], *le será dado, y tendrá más"* (Mateo 25:29). *"Más"* es una palabra fuerte en el griego: *perisseuo*. Realmente significa "superabundancia", "suficiente además de abundancia para gastar" o "muy por encima".

Conclusión

¿Qué significa todo esto para nosotros hoy día? ¿Qué podemos aprender de las parábolas de los administradores del dinero?

Como he estado mencionando, vivimos en una época que, proféticamente, se caracterizará por una gran transferencia de riqueza del mundo de las tinieblas al reino de Dios. Nuestro papel en el reino de manejar y distribuir esta riqueza es una asombrosa responsabilidad. Una parte de lo que me gusta llamar "filantropía estratégica" será asegurar que cualquier recurso sin distribuir se administre hábilmente para la gloria de Dios. Estas parábolas de Jesús nos ayudan a mantener una perspectiva bíblica de nuestra tarea. Aquí hay algunas conclusiones prácticas que podemos extraer de las parábolas que acabamos de tratar:

> *Vivimos en una época que, proféticamente, se caracterizará por una gran transferencia de riqueza del mundo de las tinieblas al reino de Dios. Nuestro papel en el reino de manejar y distribuir esta riqueza es una asombrosa responsabilidad.*

1. Jesús tiene una actitud positiva hacia el negocio en los mercados financieros. Quizá esto no sea generalmente cierto en los Estados Unidos, pero en otras naciones que no nombraré, me ha impactado saber que algunos líderes cristianos condenan el cambio de moneda, diciendo que es una forma de juego, y lo consideran pecado. Inconscientemente, estos líderes están construyendo una barrera que les impedirá a ellos mismos, y a las personas a quienes enseñan, participar de la gran transferencia de riqueza de Dios.

2. El reino de Dios es como el propietario, o director general, que quiere que su dinero se administre bien durante su ausencia. Como escribió Mateo en su introducción a la parábola de los administradores del dinero, Jesús dijo: *"Porque el reino de los cielos es como un hombre que yéndose lejos, llamó a sus siervos y les entregó sus bienes"* (Mateo 25:14). El reino de Dios acepta la prosperidad, no la pobreza.

3. El índice de beneficios en las parábolas es notable, es decir, entre el 100 y el 1.000 por ciento anual. Esto es mucho más que el mísero 5 al 20 por ciento que esperamos hoy día de los administradores financieros. Yo sería reticente a mencionar tales beneficios a la inversión si no estuviera citando las palabras de Jesús. Creo que es justo suponer que Jesús tenía el conocimiento suficiente sobre el comercio financiero para usar cifras reales. O eso, o estaba exagerando a propósito usando una hipérbole, pero no puedo pensar de manera realista en ninguna razón por la que escogería exagerar en estas historias. Todos tenemos que llegar a nuestras propias conclusiones con estos datos, pero más adelante en este libro, personalmente defenderé que la meta del beneficio del 100 por ciento anual por la inversión en fondos ministeriales de entradas.

De paso, permítame mencionar algo más relacionado con esto. No estoy en contacto personal con los mundos lucrativos del mundo de las finanzas, gran parte del cual supuestamente está "fuera de los libros", pero fuentes me han informado de que el beneficio en las parábolas de los administradores del dinero no se consideran irreales en ese ámbito. Me informaron que hay hoy día negociantes reales que están consiguiendo este tipo de beneficios, e incluso más, mediante su especulación financiera.

4. Cuando se transfiere la riqueza con el propósito de discipular naciones (para la transformación social), no se debe hacer con descuido, enterrarlo en la tierra o depositarlo en bancos. Se debería invertir sabiamente y que negociantes hábiles lo multipliquen. Repito: a Dios no le agrada la riqueza improductiva.

5. Cuando se trata de nuestra responsabilidad para manejar la riqueza del reino, al final queremos oír a Dios decir: *"Bien, buen siervo y fiel"*.

6

¿CUÁNDO SE CONVIERTE EL DINERO EN "*GANANCIAS DESHONESTAS*"?

La frase "*ganancias deshonestas*" (1 Timoteo 3:3, 8; Tito 1:7; véase también 1 Pedro 5:2) en el título de este capítulo viene de la versión *Reina-Valera 1960* de la Biblia. Versiones modernas usan frases como "amigos del dinero" o "ganancias mal habidas", pero "*ganancias deshonestas*" parece ser un poco más descriptivo. Sea lo que sea, no quiero nada de ello. Pero, a la vez, quiero dinero, ¡tanto como Dios me permita tener!

El cuanto menos enigmático uso de las palabras del párrafo de arriba es intencional. Mi propósito en este capítulo es sacar algunas de las implicaciones obvias de no querer ciertos tipos de dinero, al mismo tiempo que se quieren legítimamente otros tipos de dinero.

La Biblia dice: "*Porque raíz de todos los males es el amor al dinero*" (1 Timoteo 6:10). Tomar esta frase literalmente debería poner el temor de Dios en todos nosotros, porque todos, en una u otra medida, tratamos con dinero en nuestra vida cotidiana. Según pienso en ello, casi todas las personas que conozco personalmente quisieran más dinero. Digo "casi" porque, de improviso, vienen a mi mente dos amigas, específicamente Betty Sue Brewster y Jackie Pullinger, que profesan no querer más dinero. Estas dos mujeres han sido ejemplos vivos de recibir y reconocer el don espiritual de la pobreza voluntaria (véase 1 Corintios 13:3) y ministrar eficazmente con este don durante años.

Solo unas palabras sobre el don espiritual de la pobreza voluntaria, que describí en el capítulo 4: No es lo mismo que el espíritu de pobreza, que también intenté exponer en el capítulo 4. El don espiritual de la pobreza voluntaria viene de Dios, mientras que el espíritu de pobreza viene del diablo. Desarrollo más el don de pobreza voluntaria en mi libro *Sus Dones Espirituales Pueden Ayudar a Crecer a Su Iglesia*. En él, doy esta definición: "El don de la pobreza voluntaria es la capacidad especial que Dios da a ciertos miembros del Cuerpo de Cristo de renunciar a las comodidades materiales y el lujo y adoptar un estilo de vida personal equivalente al de aquellos que viven en la pobreza en una sociedad dada, a fin de servir a Dios de modo más efectivo".[27] Observe la frase "a ciertos miembros". No todas las personas en la iglesia tienen el mismo don o dones. La Biblia dice que no todo el cuerpo puede ser un ojo. (Véase 1 Corintios 12:17). La mayoría de las partes del cuerpo humano no son ojos. Del mismo modo, la mayor parte de los creyentes no tienen el don de la pobreza voluntaria. Pero algunos, como mis dos amigas, obviamente sí. El resto necesitamos pensar seriamente para no caer en las ganancias deshonestas mientras buscamos la prosperidad que Dios desea darnos.

El dinero no es malo

Contrariamente a la opinión popular, la Biblia no dice que el dinero en sí mismo sea la raíz de todos los males. De nuevo, *"porque raíz **de todos los males** es el **amor al dinero**"* (1 Timoteo 6:10). Es el *amor* al dinero de lo que está hablando Pablo. Piense en dos de los hombres más ricos de la Biblia: Job y Salomón. Su dinero y otras posesiones materiales se retratan como bendiciones de Dios, no como fuentes de males. Job lo perdió todo, pero cuando pasó la prueba y permaneció fiel a Dios, terminó con más de lo que tenía al comienzo. Salomón construyó el templo, después metió la pata, no por su dinero sino porque algunas de sus muchas esposas habían importado dosis letales de politeísmo e idolatría. La coherentes promesas de Dios a su pueblo fiel incluyen la prosperidad. *"Y te hará Jehová sobreabundar en bienes, en el fruto de tu vientre, en el fruto de tu*

> *Cuando usted ama el dinero, este se convierte en un objeto de su afecto que se edifica en su autoidentidad. Por el contrario, para los que tienen una buena actitud frente al dinero, este es simplemente una herramienta.*

27. Wagner, *Sus Dones Espirituales Pueden Ayudar a Crecer a Su Iglesia*, 265.

bestia, y en el fruto de tu tierra… *Y prestarás a muchas naciones, y tú no pedirás prestado*" (Deuteronomio 28:11–12).

> *El diablo ciertamente no quiere que se libere la riqueza para la extensión del reino de Dios, y una de sus tácticas más eficaces ha sido llenar la iglesia con la idea de que la pobreza es sinónimo de piedad.*

Por otro lado, *amar* el dinero es una decisión muy mala. De hecho, amar el dinero puede ser pecado tanto del pobre como del rico. Esta es la diferencia: Cuando usted *ama* el dinero, este se convierte en un objeto de su afecto que se edifica en su autoidentidad. Por el contrario, para los que tienen una buena actitud frente al dinero, este es simplemente una herramienta. Dicho esto, seré el primero en admitir que, en la vida real, la línea entre amar el dinero y ver el dinero como una herramienta útil no siempre es algo tan claro como nos gustaría que fuese. No quiero cruzar esa línea, pero tampoco quiero conformarme. Por eso me preocupo por ello y escribo capítulos como este. Lo último que quiero es que el dinero que Dios pueda confiarme se convierta en "ganancias deshonestas".

Mientras leía el libro de Jane Hamon *The Cyrus Decree*, puse especial atención a lo que dijo sobre los israelitas al salir de Egipto. En el capítulo 2, mencioné que los israelitas fueron los recipientes de la transferencia sobrenatural de riqueza. Esto es cierto, pero aquí está lo que añade Hamon: "Cuando salieron de la esclavitud, se llevaron consigo las riquezas de Egipto. Desgraciadamente, esto no terminó siendo de beneficio para ellos. Tomaron oro y plata, que era la bendición y herencia de Dios para ellos, lo derritieron e hicieron un becerro de oro, un ídolo al que adorar en lugar de Dios".[28] Podríamos decir que los israelitas cayeron en la trampa que todos debemos evitar: dejar que las riquezas que Dios nos ha dado se conviertan en ganancias deshonestas.

Un principio fundamental de participar en la gran transferencia de riquezas que Dios está preparando para su pueblo es vencer la perniciosa influencia del espíritu de pobreza. Intenté detallar este espíritu

---

28. Jane Hamon, *The Cyrus Decree* (Santa Rosa Beach, FL: Christian International Ministries Network, 2001), 114.

en el capítulo 4, pero volveré a mencionarlo aquí. El diablo ciertamente no quiere que se libere la riqueza para la extensión del reino de Dios, y una de sus tácticas más eficaces ha sido llenar la iglesia con la idea de que la pobreza es sinónimo de piedad. El espíritu de pobreza es uno de los principales agentes del mundo de las tinieblas, y me anima saber que está siendo expuesto cada vez más con el paso de los años.

En primer lugar, la emergencia y aceptación del fenómeno de la iglesia en el mundo laboral ha sido una ayuda enorme. Estamos progresando para alcanzar un acuerdo con la prosperidad de Dios, y por consiguiente estamos mejor preparados que antes para recibir la transferencia de riqueza de Dios.

Hasta aquí, todo bien. Pero debemos ser muy conscientes de los peligros. Podemos tener éxito reemplazando el espíritu demoniaco de pobreza por el buen espíritu de prosperidad, pero cuando hagamos eso, también tenemos que evitar saltar de la sartén caliente y caer en el fuego, por así decirlo. ¿Cuál podría ser el fuego? En pocas palabras: ¡que Mamón nos atrape!

La trampa de Mamón

Algunos piensan erróneamente que Mamón es sinónimo de dinero. Desgraciadamente, ciertos traductores bíblicos incluso han utilizado la palabra griega transliterada "Mamón" como "dinero" en la versión inglesa. Observe que estoy escribiendo Mamón con M mayúscula. Esto es porque Mamón es el nombre correcto de un espíritu maligno, así como Wormwood o Leviatán o Baal o Belcebú. Jesús dijo que no podemos servir a dos señores: *"No podeis servir a Dios y a las riquezas ["Mammón", RVA]"* (Mateo 6:24).

Mamón tiene al menos otros cuatro espíritus trabajando con él, todos ellos con la tarea de convertir el dinero de Dios en ganancias deshonestas. Estos cuatro espíritus son (1) egoísmo, (2) codicia, (3) parsimonia, e (4) independencia.

1. Egoísmo

El egoísmo es un deseo excesivo de posesiones materiales. El espíritu de egoísmo hace que la gente piense que su bienestar personal está directamente relacionado con cuánta riqueza posea. Cuando la Biblia dice: *"Porque raíz de todos los males es el amor al dinero"*, la frase que sigue a esta es la siguiente: *"En su intenso deseo por el dinero, se han desviado de la fe verdadera"* (1 Timoteo 6:10, NTV). Una persona egoísta nunca tiene suficiente. Para el egoísta, el dinero se acumula como un fin en sí mismo, no por cómo se puede usar para bendecir a otros y avanzar el reino de Dios. De hecho, la avaricia puede convertirse en una forma de adicción: adicción al dinero.

2. Codicia

Mientras que el egoísmo se centra en amasar cantidades exorbitantes de riqueza, la codicia tiene que ver con desear cosas concretas que no son para usted, como la casa de su vecino, o esposa o buey, como vemos en los Diez Mandamientos. La codicia es tan mala que se equipara a la idolatría. (Véase Colosenses 3:5). Si no se mantiene a raya, la codicia puede convertirse en un peligroso sustituto de Dios.

3. Parsimonia

Mejor conocido como tacañería, este espíritu demoniaco de parsimonia causa que las personas ricas se vuelvan míseras al escoger vivir en pobreza, aunque tienen mucha riqueza. Bien podría ser esta la situación en la que se encontraba la iglesia de Esmirna, la cual hizo que Jesús le dijera a los creyentes allí: *"Yo conozco tus obras, y tu tribulación, y tu pobreza (pero tú eres rico)"* (Apocalipsis 2:9). El espíritu de parsimonia puede impedir que la gente diezme o dé ofrendas generosas, limosnas y primicias. Engaña a las personas haciéndoles creer que no pueden permitirse algo que necesitan o quieren, cuando en verdad, se lo pueden permitir fácilmente. Los que tienen un espíritu de parsimonia tienden a arrastrar a otros con ellos, incluyendo familiares, hacia su extraña y distorsionada forma de pobreza.

4. Independencia

Una de las formas en que el dinero honesto puede convertirse en ganancias deshonestas es cuando amasamos riqueza y de repente decidimos que ya no necesitamos a Dios. Riqueza es poder, y si lo tiene, puede comenzar a imaginar que es tan poderoso que puede hacer lo que quiera, por usted mismo. Satanás florece en este tipo de engaño, el cual aísla a aquellos que sucumben a él.

Una tensión creativa

Los cristianos que quieren disfrutar de prosperidad sin sucumbir al egoísmo y la codicia, evitando así a Mamón y las ganancias deshonestas, viven en una tensión creativa. La Biblia tiene mucho que decir sobre tales cosas, y es útil ver con detenimiento algunos de los versículos relevantes.

> *En mi experiencia en el trato con creyentes ricos, he descubierto que, en general, tienden a ser más sensibles que el resto a las implicaciones espirituales de poseer y manejar riquezas.*

Recientemente dediqué algo de tiempo a seleccionar varios versículos del Nuevo Testamento que tienen que ver con estos asuntos. Encontré veinte pasajes, y aunque admitiré que mi estudio no fue exhaustivo, resultó que, cuando hice la lista de versículos, once de los veinte, el 55 por ciento, eran tan solo de un libro del Nuevo Testamento: el evangelio de Lucas. ¿Qué importancia tiene esto? Nadie lo sabe de cierto, pero podría ser que Lucas fuera el más rico de todos los autores del Nuevo Testamento.

Para empezar, Lucas era médico. Personalmente creo que estaba casado con Lidia de Filipos, que tenía un exitoso negocio de importación/exportación.[29] Tenía dinero suficiente como para acompañar a Pablo en tres de sus viajes misioneros, así como visitar dos veces a Pablo en su prisión romana. Y hay evidencias de que podría haber sido el donante más generoso de Pablo. (Véase Filipenses 4:10–19).

En mi experiencia en el trato con creyentes ricos, he descubierto que, en general, tienden a ser más sensibles que el resto a las implicaciones espirituales de poseer y manejar riquezas. Como norma, cuantas más riquezas tienen a su disposición, más han pensado y orado sobre cómo usarlas. Cierto es que hay algunas excepciones, como las víctimas de los timos financieros y las estafas piramidales que se ven

---

29. Para más detalles sobre esta postura, ver el libro de C. Peter Wagner, *The Book of Acts: A Commentary* (Ventura, CA: Regal Books, 200), 361.

de vez en cuando, las cuales trataré después. Mientras tanto, basemos nuestras conclusiones en la regla, y no en la excepción a la misma.

Parece que Lucas era uno de esos siervos ricos de Dios que tuvo una revelación especial del Espíritu Santo en cuanto a la diferencia entre el dinero y las ganancias deshonestas. Comencemos mirando algunos de los escritos que corroboran esta hipótesis.

Lucas

Lucas cita el contraste de Jesús entre ricos y pobres: *"Bienaventurados vosotros los pobres, porque vuestro es el reino de Dios… Mas ¡ay de vosotros, ricos! porque ya tenéis vuestro consuelo"* (Lucas 6:20, 24). Aquí, Jesús estaba perfilando no a sus fieles seguidores, sino a la población en general, personas que aún vivían bajo la influencia del dios de este siglo. Anteriormente en Lucas, cuando Jesús fue anunciado en la sinagoga de Nazaret, dijo que había venido *"para dar buenas nuevas a los pobres"* (Lucas 4:18). ¿Cuáles son estas buenas nuevas que la gente pobre puede recibir? Obviamente, son las noticias de que ya no serán pobres. Esto está en el corazón mismo del mensaje del reino de Dios. Aunque, como Jesús también dijo, siempre tendremos pobres con nosotros (véase Juan 12:8), Él desea, y nosotros también deberíamos desearlo, que el mayor número posible de personas no siguieran siendo pobres, sino prósperos.

Por otro lado, los ricos malos tienden a encontrarse bajo la opresión de Mamón, uno de los generales de cuatro estrellas de Satanás. Por consiguiente, como grupo, tienen menos esperanza de vida eterna que los pobres, que no son tan independientes como ellos. Jesús dijo: *"Porque es más fácil pasar un camello por el ojo de una aguja, que entrar un rico en el reino de Dios"* (Lucas 18:25). Él no estaba diciendo que los ricos no se puedan salvar. Muchos de ellos, no obstante, son como el joven rico, que no fue capaz de soltar las posesiones materiales, aunque Dios se lo pida directamente. (Véase Lucas 18:18–23). Me gusta lo que dice Ed Silvoso: *"¿Por qué le dijo Jesús que vendiera sus posesiones? No lo hizo porque la riqueza sea mala, sino porque el joven estaba controlado por las mismas"*.[30] El dinero que impide que una persona se acerque a Dios es dinero que se ha convertido en ganancias deshonestas.

---

30. Ed Silvoso, *Anointed for Business* (Ventura, CA: Regal Books, 2002), 83.

Del mismo modo, Mamón usa las riquezas para ahogar la obra de Dios, como también Jesús advirtió en su parábola del sembrador en Lucas 8. Algunas semillas cayeron entre espinos. ¿Qué eran los espinos? *"La* [semilla] *que cayó entre espinos, éstos son los que oyen, pero yéndose, son ahogados por los afanes y las riquezas y los placeres de la vida, y no llevan fruto"* (Lucas 8:14). La prosperidad mal dirigida se puede convertir en una barrera para conocer a Dios.

No cabe duda de que a Lucas le encantaba la historia de Zaqueo, un ejemplo positivo de un hombre rico que, como él, era salvo. El de Lucas es el único evangelio que incluye esta historia. (Véase Lucas 19:1–10). Zaqueo aparentemente fue librado del dañino conjuro de Mamón. Para empezar, cuando se hizo creyente prometió dar la mitad de lo que tenía a los pobres. Después, para recompensar sus fraudulentos tratos del pasado con los demás, ofreció devolver la cantidad que había estafado, ¡con un 300 por ciento de intereses! Podemos estar seguros de que Zaqueo nunca volvió a tocar ganancias deshonestas.

Como la mayoría de los empresarios, Lucas tenía una aversión a las riquezas improductivas, recursos que no se administran para sacarles el máximo provecho. En su evangelio incluye cuando Jesús cuenta la historia del hombre rico que siguió construyendo graneros cada vez mayores para almacenar sus bienes. Era rico, así que, obviamente, no necesitaba más. Sin embargo, nunca parecía tener suficiente. Estaba influenciado por el espíritu de parsimonia. ¡Jesús le llamó necio! ¿Por qué era un necio? Amasaba riquezas improductivas en vez de usarlas sabiamente, como debería haber hecho. (Véase Lucas 12:16–20).

Relacionadas con esto están las parábolas de Jesús de los administradores financieros, las cuales examiné en detalle en el capítulo 5. Recordemos que en Lucas 19:12–16, tres administradores recibieron una mina (10.000 dólares) cada uno. Dos hicieron bien al ganar un beneficio del quinientos por ciento y del mil por ciento, respectivamente. Fueron buenos siervos. Uno, sin embargo, escondió el dinero que había recibido en un pañuelo, reflejando parsimonia, o riqueza improductiva. Terminó siendo castigado como un mal siervo. Debemos tener cuidado con el dinero improductivo.

> *La mayoría de los creyentes ricos como Lucas son sensibles a esto y tienen mucho cuidado de que el dinero nunca se convierta en un fin en sí mismo. El dinero debe ser siempre simplemente un medio para el fin, que es dar gloria a Dios.*

Lucas cita a Jesús diciendo: "*Mirad, y guardaos de toda avaricia; porque la vida del hombre no consiste en la abundancia de los bienes que posee*" (Lucas 12:15). Aquí, Jesús se está centrando en el principio que mencioné antes, es decir, que el *amor* al dinero es la raíz de todos los males. La mayoría de los creyentes ricos como Lucas son sensibles a esto y tienen mucho cuidado de que el dinero nunca se convierta en un fin en sí mismo. El dinero debe ser siempre simplemente un medio para el fin, que es dar gloria a Dios.

El evangelio de Lucas es firme acerca de la superioridad del reino de Dios sobre el reino de Satanás. Los discípulos de Jesús acababan de salir de un reino y de entrar en el otro. Él les explicó, tanto como pudo, cuáles eran los beneficios del reino de Dios. Su mayor compromiso era dejar de vivir para sí mismos o lo que pudieran lograr por sí mismos; en cambio, era vivir para su nuevo Rey: Dios. Un punto de entrada para esta enseñanza se ve con respecto a sus necesidades cotidianas diarias. Jesús les dijo: "*No os afanéis por vuestra vida, qué comeréis; ni por el cuerpo, qué vestiréis. La vida es más que la comida, y el cuerpo que el vestido*" (Lucas 12:22–23). ¿Por qué no debían preocuparse? Porque podían confiar en que Dios supliría para las necesidades de su vida. Jesús continuó:

> *Mas buscad el reino de Dios, y todas estas cosas os serán añadidas. No temáis, manada pequeña, porque a vuestro Padre le ha placido daros el reino. Vended lo que poseéis, y dad limosna; haceos bolsas que no se envejezcan, tesoro en los cielos que no se agote, donde ladrón no llega, ni polilla destruye. Porque donde está vuestro tesoro, allí estará también vuestro corazón.*
>
> (Lucas 12:31–34)

Las prioridades ahora estaban cambiando. No es que las cosas físicas o materiales no sean importantes, o que todos debamos deshacernos de nuestras posesiones materiales, sino que parte de conocer a Dios es confiar en que Él suplirá nuestras necesidades más básicas y que todo lo que tenemos proviene de Él.

Mientras Jesús entrenaba a sus discípulos, les probaba de vez en cuando. En una de estas pruebas, les envió a ellos solos a medir el nivel de su confianza en su provisión. Dijo: *"No toméis nada para el camino, ni bordón, ni alforja, ni pan, ni dinero; ni llevéis dos túnicas"* (Lucas 9:3). Los discípulos tenían que aprender que podían depender totalmente de Dios para todas sus necesidades materiales. Obviamente, Jesús no estaba sugiriéndoles que nunca debieran llevar nada cuando salieran a ministrar. Cuando Jesús iba de lugar en lugar, Él mismo tenía un tesorero, Judas, entre su círculo íntimo de doce. Pero primero, ellos tenían que experimentar, al menos una vez, no tener nada, para que se vieran forzados a confiar del todo en Dios como su proveedor.

La iglesia primitiva

Uno de los grupos más generosos de la Biblia eran los miembros de la iglesia que se creó el día de Pentecostés. Los creyentes estaban tan llenos del Espíritu Santo que Mamón no pudo apresarlos, con la triste excepción de Ananías y Safira. (Véase Hechos 5:1–11).

Hechos 4:31 dice que los creyentes fueron llenos el Espíritu Santo, y después…

Y la multitud de los que habían creído era de un corazón y un alma; y ninguno decía ser suyo propio nada de lo que poseía, sino que tenían todas las cosas en común… Así que no había entre ellos ningún necesitado; porque todos los que poseían heredades o casas, las vendían, y traían el precio de lo vendido, y lo ponían a los pies de los apóstoles; y se repartía a cada uno según su necesidad. (Hechos 4:32, 34–35)

Aunque el compartir los bienes naturales no es un principio legalista para todos los creyentes, la conducta de la iglesia primitiva apunta hacia una actitud del reino en cuanto a las posesiones materiales que todos debemos imitar: *"Mas buscad primeramente el reino de Dios y su justicia, y todas estas cosas os serán añadidas. Así que, no os afanéis por el día de mañana, porque el día de mañana traerá su afán. Basta a cada día su propio mal"* (Mateo 6:33–34). Si esta exhortación logra grabarse en nuestro espíritu, no seremos susceptibles a ver nuestro dinero convertirse en ganancias deshonestas.

El apóstol Pablo

El apóstol Pablo trató el tema del dinero en tres de sus epístolas más que en las demás, es decir: 2 Corintios, 1 Timoteo y Filipenses. Veamos los puntos principales de cada una de estas epístolas.

2 Corintios

Entre los asuntos que discute Pablo en 2 Corintios está el privilegio que tiene de escoger si toma o no honorarios personales por ministrar a los corintios. En 1 Corintios, afirmó que *"los que anuncian el evangelio, que vivan del evangelio"* (1 Corintios 9:14), pero, en cuanto a lo tocante a los corintios, él prefirió no tomar ninguna compensación económica de ellos. Él escribió: *"He aquí, por tercera vez estoy preparado para ir a vosotros; y no os seré gravoso, porque no busco lo vuestro, sino a vosotros"* (2 Corintios 12:14). No sabemos precisamente las razones de Pablo para declinar el pago, pero rehusar honorarios o regalos y ofrendas de amor, en este caso, era específicamente para los corintios, no un principio general, como veremos cuando lleguemos a nuestra discusión de Filipenses.

Aunque Pablo no tomó ofrendas de los corintios, no obstante les ordenó que dieran a otros, especialmente a los santos necesitados de Jerusalén. Les dijo: *"Y poderoso es Dios para hacer que abunde en vosotros toda gracia, a fin de que, teniendo siempre en todas las cosas todo lo suficiente, abundéis para toda buena obra"* (2 Corintios 9:11). Y añadió: *"Para que estéis enriquecidos en todo para toda liberalidad"* (2 Corintios 9:11). Según este pasaje, no deberíamos esperar de Dios solo lo suficiente, sino que deberíamos esperar abundancia si queremos estar en posición de dar a otros como deseamos.

1 Timoteo

Entre las cualificaciones de Pablo tanto para obispos como diáconos estaba el hecho de ser *"no codicioso de ganancias deshonestas… no avaro"* (1 Timoteo 3:3). Una actitud errónea hacia el dinero puede descalificar a una persona para el liderazgo cristiano. Pablo instruyó a Timoteo para que se apartase de los que tuvieran mentes corruptas, los que *"toman la piedad como fuente de ganancia"* (1 Timoteo 6:5). Para

> *Una actitud errónea hacia el dinero puede descalificar a una persona para el liderazgo cristiano.*

evitar este peligro, debemos recordar siempre que: *"Nada hemos traído a este mundo, y sin duda nada podremos sacar. Así que, teniendo sustento y abrigo, estemos contentos con esto"* (1 Timoteo 6:7–8). Este pasaje es donde Pablo también dice que el amor al dinero es la raíz de todos los males. (Véase 1 Timoteo 6:10). Este es un buen consejo de 1 Timoteo para el manejo del dinero:

> *A los ricos de este siglo manda que no sean altivos, ni pongan la esperanza en las riquezas, las cuales son inciertas, sino en el Dios vivo, que nos da todas las cosas en abundancia para que las disfrutemos. Que hagan bien, que sean ricos en buenas obras, dadivosos, generosos; atesorando para sí buen fundamento para lo por venir, que echen mano de la vida eterna.*

> (1 Timoteo 6:17–19)

Filipenses

La epístola de Pablo a los filipenses es esencialmente una carta de agradecimiento por los abundantes donativos que hicieron a su ministerio. Es muy probable que los obsequios de Lucas y Lidia fueran la base de los fondos misioneros que llegaban de la iglesia de Filipos. Cuando Pablo dejó Filipos, dijo: *"Ninguna iglesia participó conmigo en razón de dar y recibir, sino vosotros solos; pues aun a Tesalónica [su siguiente parada después de Filipos] me enviasteis una y otra vez para mis necesidades"* (Filipenses 4:15–16).

Les escribió esta carta mucho después, cuando estaba en prisión en Roma, y dijo: *"Pues he aprendido a contentarme, cualquiera que sea mi situación. Sé vivir humildemente, y sé tener abundancia; en todo y por todo estoy enseñado, así para estar saciado como para tener hambre, así para tener abundancia como para padecer necesidad"* (Filipenses 4:11–12). Pablo, a diferencia de personas como el joven rico, rehusó dejar que el dinero, o la falta del mismo, controlara su actitud o su ministerio. Sin embargo, al haber experimentado tanto la carencia como la abundancia de recursos, Pablo obviamente prefería lo segundo. Por eso, después de recibir el dinero que los filipenses le enviaron mientras estaba en la cárcel, les escribió esta carta de agradecimiento y les dijo, con obvio placer: *"Pero todo lo he recibido, y tengo abundancia; estoy lleno, habiendo recibido de Epafrodito lo que enviasteis; olor fragante, sacrificio acepto, agradable a Dios"* (Filipenses 4:18).

Pablo nunca se avergonzó de tener mucho dinero, pero sabía cómo impedir que se convirtiera en ganancias deshonestas. Y nosotros podemos hacer lo mismo. Debemos recordar constantemente que aunque la prosperidad es una bendición del reino de Dios, las posesiones materiales se pueden convertir fácilmente en una trampa. Mamón está al acecho, pero si prestamos atención a las advertencias bíblicas subrayadas en este capítulo, el espíritu maligno no encontrará la forma de seducirnos y ponernos en el camino erróneo.

Planes siniestros para obtener ganancias deshonestas

Hasta ahora, he estado tratando todas las formas en que el dinero bueno, incluso sin saberlo, se puede convertir en ganancias deshonestas, causando así que deshonremos a Dios. Sin embargo, también debemos ser conscientes de las personas, que espero que sean las menos, que intencionalmente amasan lo que saben de antemano que será ganancias deshonestas. Estas son las personas que entienden perfectamente los mecanismos y las obras internas del mundo financiero y que usan ese conocimiento para engañar a otros. Traman formas malvadas y medios de robar a víctimas vulnerables las riquezas que han conseguido honestamente, por lo general con el consentimiento involuntario de la víctima. Desgraciadamente, un porcentaje excesivo de sus objetivos son personas cristianas con buenas intenciones y trabajadoras.

Probablemente el mecanismo más frecuente que usan estos defraudadores es la táctica de la estafa piramidal. Deriva su nombre de Charles Ponzi, un inmigrante italiano en los Estados Unidos que, a principios de la década de 1900, se convirtió en uno de los timadores más notorios de la historia. Ponzi era lo suficientemente persuasivo para hacer que personas buenas e inteligentes creyeran que había grandes beneficios al comprar lo que se llamó "cupones de respuesta postal" en Italia y venderlas en E. U. Les decía a sus "inversores" que él podía usar el dinero de ellos y devolverlo con un 50 por ciento de interés en cuarenta y cinco días. En ese entonces, los bancos estaban pagando a los clientes tan solo un 5 por ciento de interés anual, así que la oferta era muy atractiva. Ponzi realmente no obtenía beneficios, pero pagaba a sus inversores su 50 por ciento de ganancias del dinero de las nuevas inversiones que estaban llegando, el cual crecía exponencialmente y de forma considerable a medida que se iban corriendo las voces. En su momento más álgido, se dice que Ponzi ganaba 250.000 dólares al día con ganancias deshonestas. Mientras tanto, muchas de sus víctimas estaban hipotecando sus hogares y empleando los ahorros de su vida.

Es fácil ver por qué una estafa piramidal no puede continuar para siempre. Cuando llega el momento en que descienden las inversiones, simplemente no hay dinero suficiente para pagar intereses a los inversores antiguos. Entonces alguien descubre lo que está ocurriendo y hace sonar el silbato, y el estafador termina entre rejas, cosa que ocurrió con Ponzi. Había amasado tanto dinero que, cuando se descubrió su táctica, se dice que seis bancos estaban en peligro de colapsar, y sus inversores solo pudieron recaudar unos 30 centavos de cada dólar que invirtieron. Sus inversores perdieron alrededor de 20 millones de dólares, lo cual sería el equivalente aproximado a 225 millones de dólares el día de hoy. Ponzi terminó siendo pobre, pero su infame nombre aún sigue vivo para designar las tácticas engañosas de estafadores en todo el mundo.

Las técnicas de Ponzi existen hoy día. Uno de los ejemplos recientes más notorios fue diseñado por Bernard Madoff. Aunque

Ponzi estafó 225 millones de dólares, la táctica de Ponzi que Madoff ejecutó tan brillantemente logró estafar casi 65 mil millones de dólares, mucho de lo cual era de pesonas que, ellas mismas, tenían una gran experiencia personal en el mundo de las finanzas. La tapa de su plan saltó en 2008, y en 2009 fue condenado y sentenciado a 150 años de cárcel.

Fraude de afinidad

Aunque no creo que Ponzi fuera culpable de lo que se conoce como "fraude de afinidad", Madoff utilizó con éxito esta forma de engaño. Eso significa que apuntó a propósito a cierto grupo de personas. Como Madoff era judío, era natural para él fijarse en los judíos debido a su mutuo respeto y confianza. No limitó sus inversores a los judíos, pero hizo de ellos un alto porcentaje de sus víctimas. Digo esto porque, tristemente, el fraude de afinidad se ha convertido en algo muy común en la comunidad cristiana. Algunos de los infractores son verdaderos creyentes, o al menos eran creyentes. Otros son no creyentes que fingen hábilmente que son cristianos, hablan como cristianos e incluso aprenden a "orar". En cualquier caso, su objetivo es producir ganancias deshonestas para sí mismos.

Greater Ministries International

He desarrollado una gran repulsión por las tácticas de estafas piramidales con fraude de afinidad porque yo mismo fui víctima de una de ellas en 1998. Se llamaba Greater Ministries International Church. Por favor, entienda que estoy compartiendo honestamente acerca de mi propio pensamiento ingenuo para que quienes lean esto puedan reconocer las luces rojas antes que cuando yo lo hice. Greater Ministries captó mi atención por primera vez a través de unos buenos amigos cristianos con los que estaba asociado muy de cerca. En una conversación informal, mencionaron este "ministerio", que podía, mediante "donantes extranjeros anónimos", bendecir a los que donaran para su causa. El resumen era que si una persona donaba una cierta cantidad de dinero a Greater Ministries, de algún modo, era "bendecido" con al menos el doble de esa cantidad.

¿Cuál era su causa? Lo crea o no, dijeron que pretendían edificar una nación cristiana separada llamada "Greaterlands", la cual sería equiparable al Vaticano. Decían cosas como: "Greaterlands será soberana para sí misma; será un 'Dominio eclesiástico'. Nos convertiremos en una embajada y nuestros ministros y misioneros serán inmunes a la persecución no deseada"[31], etcétera, etcétera. Entre las cosas que prometían era un nuevo sistema bancario. A posteriori, todas estas ideas parecen una tontería, pero es fácil ver que la razón subyacente para donar no era apoyar la misión de Greaterlands sino para recibir la "bendición".

Esta realidad provocó un interesante problema ético: ¿Donar a Greater Ministries estaría motivado por la avaricia? ¿Podía un donante ser acusado de decir: "Todo se trata de mí"? Estas preguntas se me ocurrían, y necesitaba darles una respuesta. Creo que sería justo decir que, en toda mi carrera, nunca me ha tachado nadie de avaro. Así que procedí a racionalizar mis respuestas a esas preguntas respondiendo que una donación, la cual por cierto no era deducible de impuestos, sería como usar el dinero para comprar acciones o para proveer un capital para una empresa. Aunque Greater Ministries lo negaba por escrito, la transacción realmente parecía más una inversión que una donación. Actuar como inversor en vez de donante me satisfacía entonces, y lo sigue haciendo hoy, aunque debo admitir que la diferencia entre las dos a menudo es una línea muy fina.

Pautas personales

Siempre que he invertido dinero, ya sea sin saberlo en un timo u honestamente en un fondo mutuo reconocido, siempre he actuado según unas pautas personales que recomiendo mucho que otros adopten para sí mismos. Primero, nunca invierto más de lo que me pueda permitir perder. De esa forma, si lo pierdo todo, no afectará a nuestra familia o nuestro presupuesto familiar. La gente que hipoteca su hogar para asumir un riesgo como este está actuando neciamente. Segundo, cuando el beneficio comienza a acumularse, retiro la cantidad invertida

---

31. "Greaterlands: God Is Taking Us to New Heights", documento de circulación privada de Greaterlands Funds of Tampa, Florida, sin fecha.

lo antes que puedo. Después de eso, quizá gane, pero no puedo perder. Tercero, después intento retirar la mitad de las ganancias y reinvertirlo para cuando sea necesario. También dejo que mi asesor fiscal sepa acerca de esta transacción.

A estas alturas, probablemente se pregunte por mis números. Invertí 10.000 dólares en Greater Ministries. Durante los dos primeros meses, retiraron de mi cuenta 900 dólares al mes como donativos. A esas alturas, ya sospechaba algo, así que solicité que cerraran mi cuenta y me devolvieran el estado de cuentas. En una o dos semanas, recibí un sobre marrón liso en el correo sin dirección de remitente con órdenes de dinero y un total en efectivo de 9.090 dólares. Tuve suerte. Esta experiencia de aprendizaje me costó solo 910 dólares. Poco después, todo salió a la luz, y los líderes terminaron en la cárcel. Tristemente, a algunos amigos míos les costó mucho más porque no salieron a tiempo de esa estafa piramidal basada en la afinidad.

Los que han seguido de cerca de los medios cristianos (y seculares) quizá reconozcan nombres como Amber Enterprises, New Era Philanthropy, Wealth for the Nations, International Product Investment Corporation, JTL (Just the Lord), y otros. Los infractores que estaban detrás de estas organizaciones fraudulentas eran tan hábiles promoviendo sus timos y disfrazando los detalles financieros que nombres familiares como Benny Hinn, Reinhard Bonnke, Wheaton College, las Asambleas de Dios de Northern California y Nevada, Ralph Wilkerson, Marilyn Hickey, Fuller Theological Seminary y la Iglesia Cuadrangular, e incluso fondos sofisticados, como Harvard University y Yale Law School, fueron todos estafados.

La buena noticia es que quienes amasaron enormes cantidades de ganancias lucrativas de estos timos fueron, en su mayoría, encarcelados. La mala noticia es que otros como ellos ciertamente surgirán. Espero que el pueblo de Dios continúe madurando individualmente y colectivamente, que aprendamos de nuestros errores, y que, en el futuro, haya una actividad escandalosa, egoísta y fraudulenta mucho menor de la que ha habido en el pasado, y que cada vez menos dinero de nuestro reino se convierta en ganancias deshonestas.

7

EL CICLO DE LAS RIQUEZAS DEL REINO

Según continuamos procesando diferentes aspectos de la gran transferencia de riqueza, no debemos cansarnos de recordarnos a nosotros mismos que el propósito final de todo esto es implementar el cumplimiento de la gran comisión de Jesús: *"Haced discípulos a todas las naciones"* (Mateo 28:19). Estamos orando, y trabajando, para conseguir una transformación social. Anhelamos ver una respuesta a la oración que Jesús nos enseñó: *"Venga tu reino. Hágase tu voluntad, como en el cielo, así también en la tierra"* (Mateo 6:10).

En el primer capítulo, sugerí un patrón estratégico para la transformación social: el concepto de los siete montes, los siete moldeadores de la cultura. Para ayudarnos a ver esta idea con mayor claridad, utilicé este gráfico:

LOS SIETE MONTES

EL REINO DE NUESTRO DIOS AQUÍ EN LA TIERRA

RELIGIÓN   FAMILIA   EDUCACIÓN   GOBIERNO   MEDIOS   ARTES Y ENTRETENIMIENTO   EMPRESA

La cultura particular en la que vivimos reflejará las bendiciones, la prosperidad y los valores del reino de Dios si individuos con mentalidad del reino de algún modo comienzan a ocupar las posiciones de influencia en la cima de cada uno de los siete montes. Diré una vez más que no estoy proponiendo una teocracia, en la que la iglesia gobierna la sociedad, sino más bien creyentes con mentalidad del reino influenciando todos los segmentos de cualquier estructura gubernamental en la que se encuentren.

La palabra *influencia* es muy importante. Genera la pregunta legítima: ¿Cómo se consigue la influencia en cada uno de los montes? La mayoría de los que estamos localizados principalmente en el monte de la Religión, donde se encuentra la iglesia nuclear, estamos de acuerdo en que la influencia se obtiene principalmente mediante la espiritualidad. Las personas espirituales tienden a tener influencia sobre individuos menos espirituales. Esto ha hecho surgir la tradición de los "ministros ordenados". La ordenación fue diseñada para dar sustancia a la separación de los creyentes más espirituales del resto. Los líderes en el monte de la Religión tienden a reforzar su "superior espiritualidad" con frases como: "Agonicé en oración respecto a este asunto", "Esta decisión necesitó un ayuno de veintiún días", "El Señor me dijo esto directamente", "Dios me ha dado esta palabra para ti", "Paso dos horas, todos los días, adorando, orando y leyendo la Palabra de Dios", o frases similares a estas. Este no es un lenguaje frívolo; es sincero, y los que realmente *hacen* estas cosas que *dicen*, sin duda tienen influencia en la iglesia nuclear, o el monte de la Religión.

Éxito e influencia

> Si no es la espiritualidad, ¿qué genera influencia en los otros seis montes? La respuesta a esta crucial pregunta se puede dar en una palabra: ¡éxito!

Trato este punto para destacar que, contrariamente a las suposiciones de muchos líderes del monte de la Religión, la espiritualidad no está considerada como un indicador principal de influencia en ninguno de los otros seis montes. Es cierto que una notable *falta* de espiritualidad puede bloquear el camino para la influencia orientada al reino en el mundo laboral; sin embargo, no es la espiritualidad, en sí misma, lo que produce la influencia. Si no es la espiritualidad, ¿qué genera influencia en los otros seis montes? La respuesta a esta crucial pregunta se puede dar en una palabra: ¡éxito! En el mundo laboral, los individuos más influyentes son, invariablemente, los que tienen más éxito. Obviamente, hay muchas personas de éxito e influencia en la sociedad que no tienen una mentalidad del reino, y debemos presionar para que esta situación cambie lo máximo posible. Sin embargo, sería inútil intentar cambiar la cultura en el mundo laboral para que la espiritualidad algún día supere al éxito.

¿Qué tiene esto que ver con la riqueza?

Cuando alguien describe a cierto individuo como un "empresario exitoso", ¿qué implica esto? Por lo general implica que su empresa está teniendo una cantidad importante de dinero y, por lo general, que la persona en cuestión es rica. Sé muy bien que esto es bastante molesto para muchos líderes en el monte de la Religión.

Los sociólogos Laura Nash y Scotty McLennan, a quien presenté anteriormente, sostienen lo que acabo de decir. En su libro, dicen lo siguiente:

> Los comentarios acerca del dinero por lo general llevaron a comentarios acerca de la cultura, lo cual influenció en gran manera los valores de las personas. De hecho, el clero usó el término *cultura* como un símbolo clave para lo que pensaban que era la raíz del problema: un sistema de valores centrado en el dinero. La cultura, nos dijeron, es un lugar materialista y muy comercial, donde se adora el dinero por encima de todo lo demás.[32]

Este sentimiento negativo hacia el dinero, producido, en mi opinión, por el espíritu de pobreza, podría degenerar en lo que una persona destacó a los investigadores: "La iglesia tendía a ver al empresario como fuera de la comunidad de fe en relación con la iglesia misma".[33]

Habiendo dicho esto, la realidad sigue siendo la misma. Las personas más influyentes en los seis montes no religiosos por lo general son los más exitosos; y los más exitosos, la mayoría de las veces, son los más ricos. Para ayudar a aclarar este concepto en su mente, haga un sencillo

32. Nash y McLennan, *Church on Sunday, Work on Monday*, 129
33. Ibid., 130.

ejercicio. Anote los nombres de cinco personas que usted considere que están entre las personas más influyentes del mundo actual. Es muy probable que todos ellos sean ricos. Aunque haya escrito líderes del monte de la Religión que renuncian a la opulencia pesonal, como la Madre Teresa de Calcuta o el Papa Francisco, encontrará que son (o fueron) influyentes porque, además de su percibida espiritualidad, controlan o controlaron grandes cantidades de riqueza institucional. Cierto es que puede haber excepciones, pero estoy subrayando la regla.

> *Si queremos que el reino de Dios venga y se haga su voluntad aquí en la tierra como en el cielo, deberíamos animar a su pueblo con mentalidad del reino a que sean todo lo ricos y exitosos que puedan.*

Si queremos que el reino de Dios venga y se haga su voluntad aquí en la tierra como en el cielo, deberíamos animar a su pueblo con mentalidad del reino a que sean todo lo ricos y exitosos que puedan, y, por consiguiente, que sean todo lo influyentes que puedan. Esta es una de las razones por las que deberíamos estar orando fervientemene para que se produzca la gran transferencia de riqueza.

¿Por qué no han sido aún liberadas las riquezas? En el capítulo 3 hice esta pregunta y enumeré siete posibles razones de la demora. Sentía que habíamos tratado en líneas generales las primeras cuatro razones, pero que las últimas tres aún están pendientes. Estas son: (1) activar a los apóstoles en el mundo laboral, (2) desarrollar una infraestructura para la administración de fondos del reino, y (3) establecer una administración adecuada para la distribución. Quiero hablar de estos tres aspectos con tanto detalle como pueda en las páginas siguientes.

Activar apóstoles en el mundo laboral

Comencemos por activar apóstoles en el mundo laboral. (Para los que puedan estar en desacuerdo con el oficio contemporáneo de "apóstol", tan solo piense en ellos como "líderes apostólicos". Entendamos esto). ¿Por qué uso el término "activar"? Porque, como he dicho previamente, creo que hay una iglesia en el lugar de trabajo, la "iglesia extendida", que se encuentra en cada uno de los seis montes no religiosos, y que esta forma de la iglesia, como cualquier otra forma, tiene un fundamento de ser dirigida por apóstoles y profetas. (Véase Efesios 2:20). Pero cada uno de los montes tiene su propia cultura particular, así que cada uno necesita activar apóstoles desde dentro, personas que saben cómo hacer un ministerio apostólico y establecer un gobierno apostólico de acuedo al reglamento cultural específico de ese monte en particular. Cuando esto suceda, cada monte comenzará a moverse hacia la transformación, hacia ver las bendiciones y la prosperidad del reino de Dios aquí en la tierra como en el cielo.

Me gustaría recordarle el gráfico que vio en el capítulo 1. Como ya comenté antes, por favor observe que el único elemento de acción, el que tiene las dos flechas, es "Apóstoles en el mundo laboral".

Ahora quiero intentar explicar por qué los apóstoles en el mundo laboral son tan importantes para la transferencia de riquezas.

Los cuatro eslabones en el ciclo de las riquezas del reino

Cuando pensamos en una "transferencia de riquezas", la lógica simple nos dice que las riquezas se deben transferir *desde* algo *hacia*

algo. Una manera útil de analizar y describir el proceso de la transferencia es visualizar una cadena con cuatro eslabones: Proveedores,
Administradores, Distribuidores y Mariscales de campo. ¿Cómo se
transfieren las riquezas *desde* los Proveedores *hacia* los Mariscales de
campo?

Los cuatro eslabones

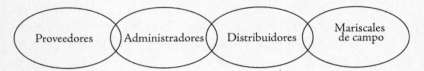

Parece lógico que los que encajan en las categorías de los dos primeros eslabones en la cadena de la transferencia de riquezas, Proveedores
y Administradores, fueran aquellos que tienden a encajar en la descripción de "apóstoles en el mundo laboral". Los dos eslabones finales, Distribuidores y Mariscales de campo, serían, principalmente, del
monte de la Religión, en ámbitos como centros apostólicos, organizaciones misioneras y quizá la iglesia nuclear. Las cuatro categorías deben
ser activadas para que se produzca la óptima transferencia de riqueza.
Los apóstoles de la iglesia extendida y los apóstoles de la iglesia nuclear
se necesitan unos a otros. Ningún grupo sería capaz de hacerlo solo.

Puede ver que hay un solapamiento entre los eslabones consecu-
tivos. Esto es intencional, porque, en la vida real, algunos individuos
ocasionalmente cumplirán más de una de las fuciones. Los eslabones
no son mutuamente exclusivos. De hecho, sería posible imaginar a una
persona intentando asumir los cuatro roles, aunque un escenario así
probablemente no sería muy común. Un Proveedor podría ser también Administrador. Hay veces en que un Proveedor funciona como
su propio Distribuidor. Algunos Distribuidores podrían ser también
Mariscales de campo, si las circunstancias así lo demandan. Los eslabones de la cadena deben verse como pautas en lugar de categorías
legales estrictas.

Dicho esto, veamos cada uno de los eslabones.

Proveedores

Los proveedores son a quienes Dios confía cantidades importantes de riquezas con el propósito de avanzar su reino en la tierra. Si son parte del ciclo de la transferencia de riqueza, actuarán como filántropos, y una de las razones por las que Dios les permite tener riquezas en exceso es que confía en que son responsables con ellas. En algunos casos, podría ser que los Proveedores sean no creyentes, como los egipcios del tiempo del Éxodo, o el rey Ciro y Artajerjes cuando se reconstruyó Jerusalén; pero, como norma, tenderán a ser siervos de Dios comprometidos. Los Proveedores con mentalidad del reino se apropian y viven Deuteronomio 8:18: *"Sino acuérdate de Jehová tu Dios, porque él te da el poder para hacer las riquezas, a fin de confirmar su pacto que juró a tus padres, como en este día"*. Los Proveedores no están atados por el espíritu de pobreza. Saben cómo servir a Dios y no a Mamón. Tienen los recursos para amasar cantidades importantes de riqueza con el propósito de avanzar el reino.

Los Proveedores tienen pleno control de sus riquezas. Por lo general, descubren que hay varias formas en que pueden decidir liberarlas. He intentado resumir las opciones en cuatro categorías generalizadas. Algunos Proveedores se apegarán a una de las cuatro, mientras que otros usarán más de una.

  ♦ **Financiación de sus proyectos favoritos**—La mayoría de los Proveedores habrán establecido relaciones personales con Distribuidores e incluso con Mariscales de campo. Algunos de ellos tienen un compromiso continuo de financiar a ciertos ministerios. A veces, son miembros de los consejos de directores de ciertos ministerios y por lo tanto sienten una responsabilidad principal de hacer avanzar financieramente algún ministerio en particular. Un patrón interesante que se ha desarrollado es que un empresario comience una nueva empresa con el compromiso

> *Los Proveedores tienen pleno control de sus riquezas. Por lo general, descubren que hay varias formas en que pueden decidir liberarlas.*

anticipado de que el cien por ciento de los futuros beneficios de la empresa se usarán para financiar cierto proyecto favorito. Algunos Proveedores desarrollan una alianza con más de un proyecto favorito, y su donativo de caridad se destinará principalmente a apoyarlos a todos ellos. El enfoque de proyecto favorito incluye fortalezas y debilidades, las cuales desarrollaré después.

✦ **Responder a peticiones de donantes**—Algunos Proveedores toman el enfoque de dar su dinero cuando son movidos por ciertas peticiones para financiaciones que llegan a sus oídos por correo, el boca a boca, Internet o contactos personales. Quizá hagan una única donación a cierto ministerio, o puede que establezcan un patrón de contribuciones regulares a un ministerio, según lleguen las peticiones. Quizá ayuden a financiar proyectos cuando surge la necesidad, pero no se comprometen a un continuo flujo de dinero operativo. De todas las opciones mencionadas, este es el enfoque más a corto plazo.

✦ **Establecer mecanismos de distribución**—Algunos Proveedores tienen el deseo de involucrarse personalmente en la exhaustiva distribución de sus recursos. Un mecanismo común para lograr esto es estableciendo una fundación. El Proveedor por lo general contrata a uno o más Distribuidores para dirigir la fundación, según las pautas que aporte el Proveedor. Bill Gates y la fundación Bill & Melinda Gates Foundation es un ejemplo prominente de esto mismo. De hecho, en 2008 Gates renunció a su posición a tiempo completo como director de Microsoft para dedicar todos sus esfuerzos a la obra filantrópica de su fundación. Usando la terminología de nuestra cadena de tranferencia de riqueza, Gates pasó de ser Proveedor a ser Distribuidor.

✦ **Subcontratar la distribución**—Algunos filántropos desean proveer recursos de una manera amplia y sistemática, pero no se inclinan mucho por la supervisión de la distribución, aparte de asegurarse de que sus fondos van directamente hacia las causas que apoyan personalmente. El ejemplo más alto de esto en tiempos recientes sería el regalo de 43 mil millones de dólares de Warren Buffett a la fundación Bill & Melinda Gates Foundation, en 2006. Supuestamente, Buffett hizo una afirmación al respecto: "Si quiero aumentar mi dinero, encuentro a alguien que pueda negociar mejor que yo; si quiero gastar mi dinero, encuentro a alguien que lo pueda dar mejor que yo". Relacionándolo con los cuatro eslabones de la cadena, Buffett, en este caso, escogió quedarse como Proveedor y subcontratar a Gates como Distribuidor.

Administradores

El segundo eslabón en la cadena de transferencia de riqueza es el de Administradores. Diré, en más de una ocasión, que creo que los Administradores a menudo son el eslabón perdido en la cadena. Ya tenemos Proveedores, Distribuidores y Mariscales de campo en posición, aunque no tantos como nos gustaría. ¿Pero Administradores? ¡Relativamente pocos! Y a la vez, son cruciales porque ellos multiplican la riqueza de los Proveedores antes de pasarla por la cadena.

> *Tengo una fuerte sospecha de que una de las razones por las que Dios ha estado demorando la liberación de la gran transferencia de riqueza es que no hay aún los suficientes Administradores con mentalidad del reino.*

Tengo una fuerte sospecha de que una de las razones por las que Dios ha estado demorando la liberación de la gran transferencia de riqueza es que no hay aún los suficientes Administradores con mentalidad del reino. ¿Por qué iba a liberar Dios una riqueza que, en su mayor parte, se malgastaría en un agujero negro? Sí, se usaría para buenos propósitos, pero una vez usada, se habría ido. Muy pocos Distribuidores o Mariscales de campo, por lo general líderes de la iglesia nuclear, tienen las habilidades empresariales necesarias para recibir fondos de Proveedores y manejarlos de tal forma que no se gasten rápidamente. Los Administradores están entre los Proveedores y los Distribuidores, para que la riqueza del reino se pueda sostener, supliendo una corriente constante de entradas para avanzar el reino.

Permítame darle una ilustracion concreta. No hace mucho tiempo, Dan Carless, un amigo mío y promotor inmobiliario éxitoso de Colorado Springs, me dijo que trabajó como consultor para el consejo de direccion de Every Home for Christ. Una vez planteó una pregunta hipotética a su presidente, Dick Eastman. Dijo: "Dick, ¿preferirías que te diera [un donativo puntual de] 1 millón de dólares o 250.000 dólares al año?". Dick, claro está, respondió que quería ambas cosas, pero esa no era una opción. Dick podría haber usado 1 millón de dólares, porque es uno de los Distribuidores más cualificados que conozco. Está en contato directo con grandes cantidades de Mariscales de campo eficaces. Pero la decisión más sabia era 250.000 dólares al año porque, en cuatro años, tendría el millón de dólares; en cuatro años más, haría un total de 2 millones de dólares.

La idea de Dan Carless era funcionar como un Administrador. En vez de donar directamente el millón de dólares, invertiría ese dinero, a favor de Every Home for Christ, para conseguir un 25 por ciento de beneficio al año.

Este es el eslabón en la cadena que necesitamos fortalecer. Tengo mucho más que decir sobre cómo administrar fondos del reino, pero tendrá que esperar hasta el capítulo siguiente.

Mariscales de campo

Quizá se haya dado cuenta de que me he saltado un eslabón en la cadena y he puesto a los Mariscales de campo antes que los Distribuidores. Esto es debido a que será mucho más fácil entender el papel de los Distribuidores si primero aclaramos la identidad de los Maricales de campo.

Ya están situados nuestros Mariscales de campo, en líneas generales. Un gran porcentaje de ellos son los miles de misioneros, actualmente sirviendo o siendo comisionados y enviados a todas las partes del mundo. Algunos son misioneros domésticos, mientras que otros sirven en el extranjero. Los Mariscales de campo saben cómo sanar a los enfermos, echar fuera demonios, salvar almas, nutrir creyentes, multiplicar iglesias, alimentar a los hambrientos, cuidar de las viudas y de los huérfanos y transformar la sociedad.

Un apóstol amigo mío en África, por ejemplo, actualmente está plantando entre cinco y diez nuevas iglesias al día. Otro, a quien ayudé a comisionar como apóstol a la India, supervisó la plantación de 3.500 iglesias el año pasado. Nadie tiene que enseñar a estos Mariscales de campo a usar el dinero para extender el evangelio. Han desarrollado un alto grado de destreza, combinado con una integridad personal impecable. Sin embargo, estos Mariscales de campo, y otros como ellos, operan bajo un techo que impone límites a lo que hacen. La mayoría de las veces, el techo es de carácter financiero. Si tuvieran más dinero, podrían extender el reino de Dios con más eficacia.

> *Mariscales de campo, y otros como ellos, operan bajo un techo que impone límites a lo que hacen. La mayoría de las veces, el techo es de carácter financiero. Si tuvieran más dinero, podrían extender el reino de Dios con más eficacia.*

¿De dónde proviene ese dinero? El dinero que los Mariscales de campo usan para extender el reino viene de los Distribuidores. Así, veamos con más detenimiento el tercer eslabón de la cadena de riqueza del reino: Distribuidores.

Distribuidores

Los Distribuidores son los que están llamados y equipados a supervisar a los Mariscales de campo, proveyéndoles recursos y haciéndoles dar cuentas del uso de los recursos que reciben. A lo largo del cuerpo de Cristo en todo el mundo, hay muchos tipos distintos de Distribuidores que llevan a cabo sus actividades de muchas y variadas formas. En el segmento de la iglesia con la que estoy principalmente conectado, los Distribuidores por lo general están cumpliendo el papel de apóstol, ya sea que afirmen ese título para ellos mismos o no. Al margen de su título, muchos de los que tienen el don apostólico sirven como Distribuidores.

Al estudiar y analizar el papel de los Distribuidores, he descubierto que es útil dividir este tercer eslabón en la cadena de transferencia de riqueza en dos tipos: Distribuidores de banda estrecha y Distribuidores de banda ancha. Permítame describirlos a ambos.

✦ **Los Distribuidores de banda estrecha** por lo general se enfocan en la tarea particular que Dios les ha dado. Respetan a todo el cuerpo de Cristo y desean estar conectados con otros apóstoles, pero esas cosas son secundarias. Dirigen sus pensamientos y sus energías principalmente hacia su propio ministerio. Las conversaciones con ellos pueden comenzar con temas amplios, como conceptos teóricos, pero casi invariablemente, el tema en discusión se dirige a las hazañas que ellos, y los Mariscales de campo con quienes están relacionados, están haciendo para el reino de Dios.

Muchos Distribuidores de banda estrecha son líderes de lo que a menudo denominamos "ministerios paraeclesiales", ya sea que estos sean organizaciones misioneras o ministerios basados en una cierta función. Dick Eastman, a quien mencioné antes, dirige Every Home for Christ, que emplea nacionales y extranjeros para distribuir literatura cristiana a cada familia u hogar de su región, y para usar este enfoque para formar "grupos de Cristo", o iglesias embrionarias en casas. Durante muchos años, Jane Hansen Hoyt, de Seattle, ha dirigido Aglow International,

> *Muchos Distribuidores de banda estrecha son líderes de lo que a menudo denominamos "ministerios paraeclesiales", ya sea que estos sean organizaciones misioneras o ministerios basados en una cierta función.*

que primeramente busca animar y capacitar a mujeres cristianas, ayudarles a cumplir el destino de Dios para sus vidas con excelencia. Aglow International actualmente tiene capítulos activos en 170 naciones alrededor del mundo. John Benefiel, de Oklahoma City, ha levantado Heartland Apostolic Prayer Network, con coordinadores en los cincuenta estados de los Estados Unidos, así como en otras cincuenta naciones más. Han activado a miles de intercesores expertos que se juntan en oración y guerra espiritual estratégica para abrir el camino para el avance del reino.

He mencionado brevemente a estos tres amigos apostólicos míos, todos ellos Distribuidores de banda estrecha, para suscitar esta pregunta: cuando Eastman, Hoyt o Benefiel están en posesión de los fondos, ¿qué hacen con ellos? No comienzan a orar, preguntándose si sus fondos deberían ir a Wycliffe Bible Translators, o a World Vision, o a Missionary Aviation Fellowship. Ellos saben exactamente dónde deberían ir los fondos. Van para ayudar a elevar los techos de restricción de los Mariscales de campo que Dios les ha asignado supervisar.

Otro tipo de Distribuidor de banda estrecha sería un apóstol vertical: uno que dirige una red apostólica. Pienso en Ché Ahn, cuya red Harvest International Network incluye 25.000 iglesias en cincuenta naciones. Pienso en Ed Silvoso, que ha levantado la red International Transformation Network, juntando a miles de líderes con mentalidad del reino en el mundo laboral con el propósito de transformar sus esferas de sociedad para que la voluntad de Dios se haga aquí en la tierra como se hace en el cielo. Si Ahn recibiera fondos, no se inclinaría por dárselos a Silvoso. Y si Silvoso recibiera fondos, no se inclinaría por dárselos a Ahn. Ambos son Distribuidores de banda estrecha, haciendo lo que se supone que deben hacer.

Los Distribuidores de banda ancha—Me apasiona este tipo de Distribuidores, porque siento que una de las tareas que Dios me ha dado es la de ser un Distribuidor de banda ancha. Yo no superviso Mariscales de campo, como hacen los Distribuidores de banda estrecha. En cambio, estoy en contacto con un gran número de apóstoles, la mayoría de ellos son Distribuidores de banda estrecha. Yo su-

> *Mi tarea es construir infraestructuras de distribución para dirigir las riquezas del reino a los Distribuidores de banda estrecha con los que trabajo, los cuales a su vez, transferirán los fondos a los Mariscales de campo y les pedirán que rindan cuentas del uso que ellos hagan de los fondos.*

perviso un grupo muy unido de veinticinco apóstoles, a los que doy una ayuda principalmente apostólica, como Eagles Vision Apostolic Team (EVAT). También trabajo como Apóstol Emérito Presidencial de International Coalition of Apostolic Leaders (ICAL), la cual conecta a cientos de apóstoles entre muchas naciones del mundo. Estas son mis esferas apostólicas. Mi tarea es construir infraestructuras de distribución para dirigir las riquezas del reino a los Distribuidores de banda estrecha con los que trabajo, los cuales a su vez, transferirán los fondos a los Mariscales de campo y les pedirán que rindan cuentas del uso que ellos hagan de los fondos.

Con mis colegas de EVAT, comencé el proceso de desarrollar una infraestructura para distribución de banda ancha en 2005. El resultado fue una organización llamada The Hamilton Group (THG). Como ha ocurrido con muchos otros derroteros que ha seguido mi carrera, los pensamientos semilla para THG llegaron mediante profecía. Por mucho tiempo había creído en Amós 3:7: *"Porque no hará nada Jehová el Señor, sin que revele su secreto a sus siervos los profetas"*. Esta palabra me vino durante una conferencia profética que dirigía en Toms River, New Jersey, a finales de 2004. Cindy Jacobs comenzó a profetizar que yo tenía que hacer un acto profético en la tumba de Alexander Hamilton en la ciudad de Nueva York. Ella dijo que eso ayudaría a abrir las puertas, espiritualmente, para un nuevo ministerio que Dios me estaba asignando para la distribución de riquezas.

Cindy sabía que Alexander Hamilton fue mi bisabuelo, cuatro generaciones atrás, por parte de la familia de mi madre. Dios le estaba mostrando que habría una importante conexión espiritual entre Hamilton, el primer Secretario del Tesoro de los Estados Unidos, y mi futuro papel en la gran transferencia de riqueza. Chuck Pierce también estaba presente en la conferencia, y él dio un paso al frente y confirmó la precisión de la profecía de Jacobs.

Yo me tomé en serio todo esto, y con la ayuda de Joe y Vonnie Askins, coordinadores de nuestra red de oración en el estado de Nueva York, recluté un equipo de treinta y cinco intercesores de varios estados y nos reunimos en la tumba de Hamilton en el cementerio de Trinity Episcopal Church, situado a la cabeza de Wall Street en la ciudad de Nueva York. Tanto Cindy Jacobs como Chuck Pierce estaban con nosotros, además del apóstol Jay Swallow, un Cheyenne del sur, que había seguido el protocolo y había recibido el permiso de la tribu nativa americana, que había ocupado originalmente la región, para representarlos en el acto profético.

Antes de ir allí, recibimos otra profecía que decía que también teníamos que ir a Jekyll Island, Georgia, donde nació el Sistema de la Reserva Federal en 1913. Así que cuando terminamos en Nueva York, viajamos hasta Jekyll Island para una intercesión a nivel estratégico. Esto fue en julio de 2005.

El consenso entre nosotros fue que habíamos lanzado uno de los ataques más poderosos en el que ninguno de nosotros había participado sobre las fortalezas del enemigo, para impedir la gran transferencia de riqueza. Dios se manifestó entre nosotros de una forma poderosa y nos llevó a nuevos niveles de fe. Sentimos que se había producido un cambio radical en el mundo invisible. Entre otras cosas, esto me permitió, junto a otros varios, ir a un lugar donde no habríamos estado sin esos actos proféticos.

Para usar nuestra nueva terminología, sentí que Dios me había comisionado para la tarea de ser Distribuidor de banda ancha.

The Hamilton Group

Esta historia explica por qué el nombre de nuestra organización para la distribución de banda ancha llevaría el nombre de Alexander Hamilton: "The Hamilton Group" [el grupo Hamilton]. Como parte de mi preparación para honrar el legado de mi antepasado, compré varias biografías de Hamilton y las leí exhaustivamente. Me alegró descubrir que ambos nacimos de nuevo a final de nuestra adolescencia y que ambos deseábamos que Dios usara nuestras vidas. Entre otras cosas, Hamilton fue uno de los pocos fundadores de nuestra nación que no era masón, una noción que fue de gran alivio para mí.

Según leía más, pude extraer cuatro características de Hamilton que parecían coincidir con formas en que el Señor también me había posicionado a lo largo de mi carrera:

1. Hamilton *operó como agente de cambio.* Constantemente aparecía con nuevos paradigmas que hacían salir a otros de sus zonas de comodidad, a menudo haciéndoles criticar a Hamilton severamente. Pero todo esto producía resultados positivos. Ron Chernow escribe: "[Hamilton] ha prevalecido en casi todos los programas importantes que ha patrocinado, ya sea el banco, la posesión, financiar la deuda pública, el sistema de impuestos, el servicio a los clientes, o la guardia costera, a pesar de los años de quejas y amargas difamaciones".[34]

2. Hamilton *influenció a otros a través de su escritura.* Era mejor escritor que orador, haciéndole uno de los más prolíficos literariamente de todos los padres fundadores. Escribió la mayoría de los discursos y cartas personales de George Washington. Su mayor contribución fue a *The Federalist Papers*. La erudita historiadora Joanne Freeman ha dicho: "*The Federalist* sigue siendo una de las obras más importantes que jamás haya escrito la ciencia política americana".[35] Me identifico con Hamilton porque, yo también, he influido a personas mucho más a través de lo que he escrito que de lo que he dicho.

3. Hamilton *ayudó a establecer el gobierno.* Los historiadores han dicho que Washington fue "el padre de nuestro país", Jefferson fue "el padre de la Declaración de Independencia", Madison fue "el padre de la Constitución" y Hamilton fue "el padre del gobierno americano". Desde el comienzo de 1993, una de mis tareas ha sido establecer, o reestablecer, el gobierno bíblico de la iglesia. Dios me ha capacitado para acuñar el término técnico "Nueva reforma apostólica", y algunos de mis libros, como *Churchquake* y *Apostles Today*, han ayudado a que esto se produzca.

---

34. Ron Chernow, *Alexander Hamilton* (New York: The Penguin Press, 2004), 481.
35. Joanne Freeman en Broadus Mitchell, *Alexander Hamilton: A Concise Biography* (New York: Barnes & Noble, 1999), vi.

4. Hamilton *se crió para diseñar estructuras para el manejo de la* *riqueza.* Él fue el primer Secretario del Tesoro, y su fotografía aparece en nuestro billete de diez dólares. Ron Chernow le llama "un após- tol": "Él fue el apóstol clarividente del futuro económico de América, lanzando una visión que muchos veían fascinante, otros inquietante, pero que finalmente prevalecería".[36] Cuánto encajo yo en esta cuarta característica de Hamilton es algo que aún está por ver, pero estuve intentando seguir su ejemplo cuando establecí The Hamilton Group, así como al escribir este libro.

Yo fui el presidente fundador de The Hamilton Group (THG), e intenté incluir a mis colegas de EVAT en el consejo de dirección. El tamaño del consejo enseguida empezó a ser algo demasiado difícil de manejar, y reduje el número de miembros del consejo a un grupo más manejable. Después, en 2010, THG se convirtió en uno de los nue- ve ministerios que tengo que entregué a mis hijos e hijas espirituales en mi octogésimo cumpleaños. Mi hija elegida para el THG fue Jill O'Brien, de Kingdom Connections en Houston, Texas. THG es una organización sin ánimo de lucro tipo 501 (c)3, con Jill como presidenta, asociada muy de cerca conmigo como vicepresidente. Estamos posi- cionados como una agencia para la distribución de banda ancha de la riqueza del reino.

Buscadores y servidores

Creo que es preciso percibir que las infraestructuras de distribu- ción, ya sean fundaciones (lo más común entre filántropos) o concilios apostólicos (menos restringidos por las regulaciones gubernamenta- les), por lo general eligen uno de estos dos modos de operación. Por supuesto, algunos quizá elijan hacer ambos. Así es como los describo:

  ◆ **El modo buscador:** Muchas agencias de distribución caritati- va buscan fondos y proyectos a los que donar fondos. Dentro de sus organizaciones, por lo general montan una unidad para recaudar fondos con el propósito de buscar Proveedores que deseen financiar los proyectos que la agencia ha seleccionado. También tienen una unidad para buscar proyectos que encajen

36. Chernow, *Alexander Hamilton*, 344.

dentro de su propia declaración de misión, proyectos que serán atractivos para su círculo de Proveedores. Tienen una plantilla para procesar peticiones de becas, realizar la diligencia debida y priorizar las peticiones de fondos. Algunos Proveedores, desde luego, tendrán sus propios proyectos favoritos, y suponen que el Distribuidor los manejará responsablemente. Siento decir que algunos de estos Distribuidores no supervisan estrictamente el uso subsecuente de estos fondos, incluyendo la medida de su productividad. Digo "algunos" porque, felizmente, otros sí implementan la supervisión necesaria.

✦ **El modo servidor:** Los servidores no tienen una unidad para recaudar fondos, porque existen solo para servir a los Proveedores existentes. Tampoco buscan proyectos que necesiten financiación. La distribución la hacen los apóstoles individualmente, quienes por lo general tienen una visión para más proyectos de los que pueden financiar. The Hamilton Group se ve a sí mismo como un servidor, no como un buscador. El eslogan de THG es "Filantropía estratégica para distribución apostólica". Entraré en detalles sobre este concepto en el capítulo 8. En el modo servidor, nosotros en The Hamilton Group *servimos* a Proveedores, los cuales nos confían la distribución de sus fondos. También *servimos* a apóstoles proveyedo los fondos que necesitan para proyectos que ya tienen en espera. Un importante beneficio alternativo de este enfoque es que THG no tiene que supervisar y auditar los proyectos. A los apóstoles se les pide que hagan esto por nosotros y que nos informen de los resultados.

Los cuatro eslabones en la cadena que representan del ciclo de riquezas del reino, Proveedores, Administradores, Distribuidores y Mariscales de campo, son importantes. Yo enfatizo enérgicamente el tercer eslabón, los Distribuidores, en este capítulo. En el siguiente capítulo, quiero ver con más detalle el segundo eslabón, los Administradores.

8

DE FINANCIACIÓN BASADA EN DONANTES A FINANCIACIÓN BASADA EN ENTRADAS

Echemos otro vistazo a la cadena de transferencia de riqueza:

Los cuatro eslabones

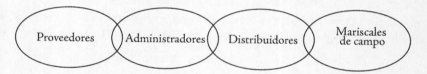

La cadena muestra que la riqueza comienza con "Proveedores" y termina con "Mariscales de campo". Antes de continuar, pienso que es importante para nosotros estar de acuerdo en cuanto a quiénes son estos "Mariscales de campo", y quiénes no.

En el capítulo 1 hablé de la palabra griega para iglesia: *ecclesia*. Hay mucho que se podría y debería decir acerca de la función de la *ecclesia* como un cuerpo de gobierno o legislativo, pero, por ahora, simplemente quiero subrayar la composición de la *ecclesia*. Siempre que se usa el término *ecclesia* en las Escrituras, se supone que está compuesta del pueblo de Dios. Siempre que usted encuentre al pueblo de Dios, encontrará a la iglesia. A veces, el pueblo de Dios está *reunido* en congregaciones o iglesias locales. Otras veces está *esparcido* por todos sus lugares de trabajo. Ya sea que estén reunidos o esparcidos, siguen siendo la iglesia. Como mencioné antes, me gusta usar el término "iglesia nuclear" para designar al pueblo de Dios reunido en congregaciones y el término "iglesia extendida" para el pueblo de Dios en el mundo laboral.

Otra forma común de la iglesia se encuentra cuando el pueblo de Dios se junta para lograr actividades del reino que normalmente no caracterizan a la mayoría de las iglesias nucleares o iglesias extendidas. Algunos ejemplos conocidos serían Cruzada Estudiantil para Cristo, formada bajo el liderazgo de Bill Bright, o Youth With A Mission [Juventud con una Misión] (YWAM), formada bajo el liderazgo de Loren Cunningham. Organizaciones como estas comúnmente han recibido el nombre de "ministerios paraeclesiales", un término no muy afortunado, en mi opinión. ¿Por qué "desafortunado"? Porque *para* significa "junto a lo que es real". Piense, por ejemplo, en *paramédico*. Los paramédicos hacen muchas de las mismas cosas que hacen los médicos, pero al final, no son médicos de verdad. La frase "ministerio paraeclesial" también implica que el ministerio no es realmente la iglesia. Esta es una falsa conclusión. Estos ministerios son parte de la verdadera iglesia porque están compuestos por personas que son el pueblo de Dios.

Dicho esto, será necesario, por causa de la comunicación, llamarlos "iglesias" y "ministerios", aunque la terminología pudiera ser desafortunada. Estamos hablando de los receptores finales de la transferencia de riqueza, llamados Mariscales de campo. ¿Dónde encontramos a los Mariscales de campo que están ahí fuera, en el frente de batalla, extendiendo el reino de Dios? Aunque hay excepciones, por lo general los Mariscales de campo no se encuentran en iglesias locales tradicionales. Las iglesias locales tradicionales están dirigidas por pastores que están pastoreando el rebaño. Su trabajo es cuidar del pueblo de Dios. Los pastores animan y enseñan a la gente, sanan heridas emocionales, fortalecen matrimonios, nutren al pueblo espiritualmetne, ayudan a proveer guía para sus hijos, realizan funerales y consuelan a los que sufren, bautizan a nuevos creyentes, y dirigen a sus congregaciones en alabanza. El trabajo del típico pastor podría continuar con muchas otras cosas. Los pastores animan a que haya evangelismo,

> *Aunque hay excepciones, por lo general los Mariscales de campo no se encuentran en iglesias locales tradicionales.*

aunque, en su mayor parte, ellos mismos no son evangelistas. Y salvo algunas excepciones, los pastores son muy distintos a los apóstoles.

Si los Mariscales de campo no se encuentran en las iglesias tradicionales, ¿dónde están? Creo que la respuesta a esta pregunta es cuádruple:

+ Los Mariscales de campo se encuentran en centros apostólicos.

+ Los Mariscales de campo se encuentran en redes apostólicas.

+ Los Mariscales de campo se encuentran agencias misioneras denominacionales.

+ Los Mariscales de campo se encuentran en ministerios cristianos.

Centros apostólicos

Probablemente estará familiarizado con las redes apostólicas, agencias misioneras denominacionales y ministerios cristianos. Sin embargo, quizá centros apostólicos sea un término nuevo para usted. El fenómeno de los centros apostólicos comenzó a salir a la superficie después de que la segunda era apostólica cayó en su lugar en 2001. Por todos los Estados Unidos, así como en otras partes del mundo, parece como si Dios estuviera orquestando una transición de iglesias locales tradicionales a centros apostólicos. Una de las diferencias principales entre las iglesias locales y los centros apostólicos tiene que ver con el liderazgo y el gobierno. Las iglesias locales están dirigidas por pastores, mientras que los centros apostólicos están dirigidos por apóstoles. Los pastores son por lo general empleados de la iglesia que sirven bajo las órdenes del consejo de diáconos o el consejo de ancianos o la congregación. Los apóstoles, por el contrario, tienen la autoridad final en todas las decisiones que afectan a la vida y el alcance de un centro apostólico. Aunque algunas iglesias

> *El enfoque de la iglesia local está en la salud, vitalidad y crecimiento de la congregación. El enfoque del centro apostólico está en el reino de Dios y en la comunidad.*

y denominaciones no reconocen el oficio contemporáneo de apóstol, la mayoría de ellas verán que tienen líderes entre ellos que realmente operan como apóstoles.

Otra diferencia tiene que ver con el enfoque y la visión. El enfoque de la iglesia local está en la salud, vitalidad y crecimiento de la congregación. El enfoque del centro apostólico está en el reino de Dios y en la comunidad. La iglesia local está interesada en llevar personas nuevas dentro de sus cuatro paredes, mientras que el centro apostólico se concentra en enviar personas fuera de las cuatro paredes.

Mi propósito aquí no es escribir un tratado sobre los centros apostólicos sino subrayar algunas ideas generales. Por fortuna, ahora tenemos un excelente libro de texto sobre este asunto: *Apostolic Centers*, por Alain Caron (Arsenal Press). Aunque por lo general se tardan varios años en hacer la transición de iglesia local a centro apostólico, Caron pudo lograr el hito tan solo en dos años, sin perder a ningún miembro de su congregación.

Debido a que los centros apostólicos están enfocados en enviar personas fuera para extender el reino de Dios, están en contacto con los Mariscales de campo que levantan.

A través de Distribuidores hasta los Mariscales de campo

Como vemos en la cadena de transferencia de riqueza, los Mariscales de campo reciben sus fondos de Distribuidores, específicamente de Distribuidores de banda estrecha, como definí en el capítulo previo. Estos Distribuidores de banda estrecha serían los ejecutivos denominacionales a cargo de sus organizaciones misioneras, los directores de los ministerios cristianos y los apóstoles que supervisan los centros apostólicos o las redes apostólicas.

Las agencias misioneras denominacionales están por lo general financiadas por las iglesias que pertenecen a la misma denominación. Los gobiernos denominacionales tienen formas y medios distintos de animar, o incluso a veces de exigir a sus iglesias, contribuciones regulares y generosas para la obra misionera de su denominación. Los presupuestos de las agencias misioneras se ajustan, año a año, a la cantidad de fondos generados por sus iglesias. De vez en cuando, puede que haya contribuciones sustanciales de un Proveedor rico o de un legado, pero normalmente este no suele ser el patrón. Este tipo de sistema ha estado funcionando durante años, y ha producio resultados tremendos en la evangelización de gran parte del mundo a través de Mariscales de campo a quien las misiones denominacionales han podido enviar y financiar.

Las redes apostólicas son un tipo más nuevo de equivalente funcional a las denominaciones. Teóricamente, las iglesias y ministerios alineados con el apóstol que supervisa la red contribuyen con fondos que la red ha de usar para los esfuerzos de alcance. Sin embargo, en la práctica, esta teoría no siempre funciona. La mayoría de lo que me gusta llamar "Apóstoles Microsoft" (comparado con los Apóstoles de la Segunda Guerra Mundial" de hace unas cuantas generaciones) se esfuerzan por mantener la naturaleza relacional de su red. Están cansados de caer en el legalismo; por lo tanto, no piden ningún porcentaje o cantidad fija de donación a la oficina central de la red. Sí, piden un vínculo financiero, pero la cantidad la decide la persona alineada con el apóstol. Aunque no tengo ningún estudio que apoye esto, mi observación personal es que cada vez más, la mayoría de las contribuciones a la red son sin duda alguna poco generosas. Esto limita la capacidad del apóstol, como Distribuidor de banda estrecha, de financiar a los Mariscales de campo conectados a la red. Por eso, se debe mejorar el sistema.

Los centros apostólicos son semejantes a las iglesias locales en que tienen un cuerpo de miembros que contribuyen con sus diezmos y ofrendas de forma regular. Cuanto mayor sea la congregación, más fondos hay disponibles para apoyar a los Mariscales de campo, que salen para extender el reino de Dios. El apóstol que dirige el centro sirve como Distribuidor.

Financiación basada en donantes

Los ministerios cristianos no tienen una fuente intrínseca de su financiación, sino que toda ella es extrínseca. En la mayoría de los casos, los ministerios dependen de lo que me gusta llamar "financiación basada en donantes". A través de cualquier medio posible, el ministerio anima a los creyentes a aceptar la visión para alcanzar y extender el reino y a mostrar su apoyo mediante contribuciones generosas y regulares. Mientras este pueda construir un equipo y motivar a sus miembros a donar, el ministerio puede extender el reino de Dios mediante cualquier conjunto de dones y especialidades que tenga, como traducir la Biblia, evangelizar a los perdidos, cuidar de las viudas y los huérfanos, difundir la Palabra mediante la televisión, penetrando en los grupos no alcanzados, alimentando a los hambrientos, dando ayuda tras una tragedia, patrocinando iniciativas estratégicas de oración, o apoyando algún número de ministerios enfocados hacia fuera que los segmentos más tradicionales de la iglesia podrían no ser capaces de apoyar de forma tan eficaz.

Algunos ministerios intentan suplementar donativos mediante honorarios por charlas o a través de la venta de libros, DVD y otros productos. Por lo general, no obstante, estas corrientes de ingresos constituyen una parte relativamente pequeña del presupuesto anual del ministerio.

Creo que los ministerios cristianos han estado haciendo, y seguirán haciendo, contribuciones esenciales para el cumplimiento de la gran comisión de Jesús. En su mayor parte, sostener sus actividades depende principalmente de que continúe la generosidad de donantes individuales. Sin embargo, para muchos ministerios, esto es una mala noticia, porque recientemente los donativos financieros han descendido. El primer punto de descenso fue en 2001, justamente después de los ataques terroristas sobre las Torres Gemelas del 11 de septiembre. El segundo descenso fue provocado por la recesión en Estados Unidos, que comenzó en 2008. Muchos ministerios han tenido que recortar sus actividades por la reducción de donativos, y algunos incluso se han visto obligados a desaparecer del todo.

Los estudios demuestran que el descenso de ingresos por parte de donantes ha tenido un gran impacto sobre ministerios más pequeños. Un boletín del Evangelical Council for Financial Accountability

(ECFA) comparaba las aportaciones de 2012 con las aportaciones de 2011. Reveló que las aportaciones a organizaciones miembros del ECFA con ingresos anuales de más de 5 millones de dólares aumentaron en 2012 en un 4,6 por ciento. Sin embargo, los ministerios con presupuestos por debajo de un millón de dólares vieron sus ingresos reducidos en un 1,3 por ciento.[37] La mayoría de los líderes ministeriales con los que estoy en contacto entran en la categoría de ministerios más pequeños. He guardado algunas de las cartas que he recibido de mis amigos en estos ministerios, y me gustaría citar algunas de ellas, sin mencionar la persona o la organización en cuestión:

- ♦ "Hoy me dijeron que uno de nuestros contribuyentes más fieles ha perdido sus medios de ayudarnos. Mi esposa y yo estamos bajo el estrés de saber que dos de nuestros hijos misioneros también perdieron una parte importante de sus ingresos debido a circunstancias no iguales pero sí parecidas. Es como una sombra que pasa ocultando el sol. Es algo desolador. ¡Ninguno de nosotros tiene el apoyo necesario para hacer frente a los gastos!".

- ♦ El presidente de este ministerio cayó enfermo, lo cual se convirtió en una seria amenaza para la financiación basada en donantes del ministerio. Esto es lo que escribió: "Sí, ya estoy frenando, y [yo] he cancelado algunas actividades. Estaré buscando en oración durante los cuatro o seis meses siguientes cómo debo responder. Esto tiene un efecto inmediato sobre nosotros económicamente. Como nuestro equipo ministerial no está cubierto por salarios de una iglesia local, dependemos de la bondad del Señor, de la generosidad de su pueblo y de la venta de productos. Cuando no viajo, no hay honorarios. Como resultado, la venta de recursos disminuye, y la línea de sustento tiende a aminorar. Esto afecta no solo a nuestra base local de apoyo, sino también a todos los ministerios de alcance globalmente a los que a cambio ayudamos a cubrir. Necesitamos su ayuda". (Desgraciadamente, poco después de esto, el

---

37. ECFA, "Recent Nonprofit Developments from ECFA", e-mail (5 de noviembre de 2013), 1.

líder tuvo que deshacer su red apostólica, vender la propiedad donde estaba situado el ministerio y despedir a la mayoría de su equipo).

+ "Por mucho que preferiríamos ignorar este hecho, como ocurre en cualquier empresa o iglesia, se necesita dinero para que podamos ministrar a las naciones. Concretamente, nos cuesta 42,96 dólares por hora, 24/7, para que nuestro ministerio haga todo lo que hace. No tenemos ni una congregación ni el apoyo de ninguna fundación. Confiamos plenamente en que Dios nos provea mediante su pueblo que comparte nuestra carga. No queremos su dinero. Estamos buscando socios que verdaderamente deseen lo que nosotros deseamos, y que se sacrifiquen con nosotros para lograr el llamado de Dios a 'discipular naciones'".

En este último caso, el líder del ministerio no pudo continuar y tuvo que conseguir un trabajo de vendedor de bienes raíces.

"Desarrollo de donantes"

La respuesta más común e inmediata a este triste estado de cosas es que el liderazgo de un ministerio lance un nuevo programa de "desarrollo de donantes". Esto significa que el liderazgo debe hacer lo que sea necesario para aumentar el número de donantes para el ministerio y aumentar la cantidad media que da cada donante. Esto tiene sentido y, de hecho, describe lo que los líderes del ministerio realmente han estado intentando hacer durante años. Como los líderes están forzados a admitir que no han sido capaces de producir los resultados deseados, muchos de ellos deciden subcontratar la tarea de desarrollar donantes. Pronto se dan cuenta de que no hay falta de agencias de consultoría a las que les gustaría ayudarles a hacerlo.

El desarrollo de donantes puede tomar muchas formas, dependiendo de la agencia que lo lleve a cabo. Yo he reunido algunos ejemplos de estas formas, y las resumiré aquí para aclarar lo que estoy diciendo.

+ Este ministerio ha desarrollado cuatro niveles de patrocinadores. "Patrocinador de fundación" (compromisos mensuales o aportaciones puntuales de entre 250 y 900 dólares al año),

"Patrocinador ejecutivo" (compromisos mensuales de entre 100 y 499 dólares o aportaciones puntuales de entre 1.000 y 4.999 dólares), "Patrocinador presidencial" (compromisos mensuales de entre 500 y 999 dólares o aportaciones puntuales de entre 5.000 y 9.999 dólares), "Grupo de inversores" (compromisos mensuales de 1.000 dólares o más o aportaciones puntuales de 10.000 dólares o más). Como incentivo, cada categoría tiene unos beneficios en escala, como descuentos, asientos reservados, paquetes de actualización, cenas especiales o contacto personal con el presidente de la organización.

- "Estamos lanzando un programa ministerial de Socios. Como no podemos llevar a cabo nuestro ministerio sin el apoyo de fieles donantes, creemos que la designación de 'Socio' es bastante apropiada para los que demuestran su compromiso con el ministerio al enviar un donativo regular mensual, o trimestral, por grande o pequeño que este sea. También creemos que los 'Socios' merecen 'ventajas' especiales dentro de la organización. Por lo tanto, estamos ofreciendo a todos nuestros Socios una deducción continua del 20 por ciento en las tasas de nuestro seminario y donativos sugeridos para nuestros materiales".

- "Amigos comprometidos que han escogido apoyar nuestro ministerio pueden escoger entre seis niveles: 'Guerrero' (1 dólar al mes); 'Plata' (25 dólares al mes); 'Oro' (50 dólares al mes); 'Platino' (100 dólares al mes); 'Platino ejecutivo' (500 dólares al mes); 'Presidencial' (1.000 dólares al mes)". De nuevo, hay beneficios en escala para cada categoría, con los miembros Presidenciales invitados a una cena anual con el presidente del ministerio.

Yo no tengo acceso a los resultados de estos esfuerzos en el desarrollo de donantes, aunque estoy familiarizado con algunos. Siento informar que no sé de ningún ministerio que haya aumentado de manera significativa su flujo de ingresos al

Siento informar que no sé de ningún ministerio que haya aumentado de manera significativa su flujo de ingresos al subcontratar el desarrollo de donantes.

subcontratar el desarrollo de donantes. De hecho, cuando Doris y yo dirigíamos Global Harvest Ministries, en tres ocasiones distintas fuimos y contratamos consultores profesionales de desarrollo de donantes para que nos ayudaran a aumentar nuestras donaciones. Todas las veces quedamos decepcionados, porque las tasas de las tres compañías de desarrollo de fondos resultaron ser considerablemente mayores que el aumento adicional a corto o largo plazo de ingresos para el ministerio.

Un cambio de paradigma

He trabajado en mi descripción de las deficiencias de la financiación basada en donantes a través de varias páginas para demostrar que este no es un asunto trivial. El título de este capítulo es "De financiación basada en donantes a financiación basada en entradas". Creo que la solución a largo plazo para proporcionar una financiación adecuada para los ministerios cristianos requerirá no solo una mejora en lo que hemos estado haciendo en el pasado sino también un decisivo cambio de paradigma. Creo que quienes dirigimos ministerios, así como los líderes de redes apostólicas y centros apostólicos, tenemos que expandir nuestro pensamiento y salir de la caja del monte de la Religión y comenzar a usar un poco más de la sabiduría del monte de la Empresa.

Nunca entendí por qué el pragmatismo ha estado tan difamado dentro del monte de la Religión. Mi carrera es en la rama de las ciencias. Los científicos son tozudamente pragmáticos. Constantemente realizan experimentos para ver lo que funciona y lo que no. Cuando establecen una meta, intentan hacer lo que sea necesario para lograrla. El fin sí justifica los medios en este sentido. No me refiero a cuestiones de moralidad o inmoralidad sino de eficacia. Por ejemplo, yo fui muy criticado por los líderes del monte de la Religión en la década de 1970 cuando introduje el uso de los números para ayudar a juzgar la salud de una iglesia dada. Como fui muy pragmático en cuanto a esto, incluso me convertí en uno de los principales chivos expiatorios en un libro que castigaba a todos los que, según el autor del monte de la Religión, veía como los que "¡se avergüenzan del evangelio!".

Hasta ahora, no he visto la necesidad de disculparme por lo que me gusta llamar mi "pragmatismo consagrado". Mi deseo es aplicar este enfoque a la financiación ministerial. Si el medio tradicional para financiar ministerios, es decir, financiación basada en donantes, ya no es satisfactorio, hablemos de cambiar el enfoque. El fin es el mismo: financiar ministerios cristianos. Si un medio no logra la tarea, busquemos otro medio que sí lo haga. Si esto requiere un cambio de paradigma, ¡cambiemos!

Financiación basada en entradas

El nuevo paradigma que estoy sugiriendo para financiar ministerios es la *financiación basada en entradas*. Me gusta la palabra *entradas* porque uno de sus significados es una cantidad de dinero que regularmente entra para una causa concreta. El flujo de entrada no depende de los antojos o de la solvencia económica de uno o más donantes. Más bien, es una proposición de empresa que produce un flujo firme de dinero.

> *Traer al frente una financiación basada en entradas para ministerios y establecer fondos de entradas ministeriales crea una gran demanda de Administradores expertos. Sin Administradores con mentalidad del reino, el nuevo paradigma que estoy sugiriendo no puede ser operativo.*

El mecanismo para la financiación basada en entradas sería animar al ministerio a establecer un "fondo ministerial de entradas". El fondo de entradas se le confiaría a un Administrador, el segundo eslabón de la cadena de transferencia de riqueza. El Administrador preservaría el capital y entregaría las ganancias al ministerio como ingresos. Dependiendo de las habilidades del Administrador, estos ingresos serían lo suficientemente predecibles como para financiar el presupuesto operacional normal del ministerio, año tras año. Una vez que estuviera funcionando esta financiación, las contribuciones del grupo se usarían para financiar proyectos especiales o para expandir el ministerio como Dios guíe.

Muchos lectores observarán que lo que acabo de describir suena muy parecido a un fondo de donación o legado, el cual se usa comúnmente para recaudar dinero para instituciones por todo el país. Esa

138 *La Gran Transferencia de Riqueza*

sería una buena observación. Pero aunque la función sería la misma, he escogido cambiar la terminología a "fondo ministerial de entradas". En primer lugar, creo que es conveniente usar un término que esté relacionado específicamente con el monte de la Religión. En segundo lugar, sería una forma de evitar algunas de las regulaciones y restricciones gubernamentales que hay puestas sobre los más tradicionales fondos de donación o legado.

La idea de establecer un fondo de entradas es nueva para muchos líderes ministeriales. Hace años, cuando comencé por primera vez a lanzar esta visión, contacté con muchos líderes ministeriales apostólicos y les pregunté si estarían preparados para recibir una finaciación externa para financiar ingresos para el ministerio. Ninguno de ellos pudo darme una respuesta positiva porque ninguno entendía bien lo que eso podría conllevar. De hecho, la mayoría de ellos habían sido programados con la idea de que si eran realmente espirituales y tenían fe suficiente, emplearían todo el dinero que entrara y confiarían en que Dios proveería más dinero. Aunque eso no me sorprendió del todo, subrayó la necesidad de instrucción y modelos a imitar en esta área. Tal es mi intención con este libro y con el establecimiento de The Hamilton Group. Pero yo estoy limitado, porque estoy arraigado en el monte de la Religión. Necesito formar equipo con colegas del monte de la Empresa que tengan la experiencia que a mí me falta, especialmente Administradores que sean líderes apostólicos en el mundo laboral, ya sea que tengan o no el título de "apóstol".

Anteriormente, mencioné que el segundo eslabón en la cadena de transferencia de riqueza, los Administradores, es el eslabón más débil. Traer al frente una financiación basada en entradas para ministerios y establecer fondos de entradas ministeriales crea una gran demanda de Administradores expertos. Sin Administradores con mentalidad del reino, el nuevo paradigma que estoy sugiriendo no puede ser operativo. A medida que pasa el tiempo, espero que el segundo eslabón de la cadena se convierta en uno de nuestros eslabones más fuertes, y que la gran transferencia de riqueza se acelere.

El fondo ministerial de entradas

Para obtener algo de experiencia práctica con un fondo ministerial de entradas, Doris y yo dedicamos parte de nuestros fondos de jubilación personales en 2007 y los usamos para establecer un fondo ministerial de entradas dentro de Global Harvest Ministries. En el proceso, trabajamos muy de cerca con nuestro abogado corporativo, y aprendimos mucho sobre los mecanismos legales para hacer esto de modo apropiado para una organización sin ánimo de lucro. Sin embargo, no pude afirmar que fue un experimento exitoso. En primer lugar, fue algo relativamente corto, porque en 2010 entregamos Global Harvest Ministries a Chuck Pierce y necesitábamos liquidar el fondo ministerial de entradas a fin de pagar algunas cuentas importantes para poder entregar el ministerio con saldo a favor. En segundo lugar, la administración de los fondos, que desgraciadamente comencé cuando lo hizo la recesión de 2008 en Estados Unidos, devolvió por debajo del diez por ciento anual. Los fondos que recibimos no fueron suficientes para establecer una diferencia notable a la hora de equilibrar el presupuesto del ministerio.

Si está considerando establecer un fondo ministerial de entradas, por favor consulte el Apéndice para ver algunas pautas legales y de procedimiento a fin de ayudarle en esta tarea.

Antes de continuar, siento que debería insertar una palabra de advertencia. Cuando usted anuncia que está estableciendo un fondo ministerial de entradas para pasar de financiación basada en donantes a financiación basada en entradas, no se sorprenda si un amigo del ministerio que está en el monte de la Empresa le propone una sugerencia alternativa, como que él o ella comienza una nueva empresa, pone los beneficios en el fondo administrado por él o ella y dona las ganancias al ministerio. Hay tanta pasión, amistad y deseo de que el ministerio prospere involucrado en una propuesta así que es casi imposible decir que no; pero le recomiendo una buena dosis de precaución. Si el empresario posee la empresa o el fondo, usted seguirá operando según un modelo de financiación basada en un donante. De hecho, si el empresario tiene éxito, las donaciones finalmente cubrirán una parte sustancial del presupuesto anual. Este es el peligro. Es el "síndrome del viejo rico". Aunque el viejo rico es bienvenido como una bendición para el ministerio, en muchos de los casos, e incluso por razones legítimas, los fondos se secarán y ya no habrá más disponibles. Esto causará una seria crisis financiera para el ministerio; ha precipitado la desaparición de alguna organización. Mi consejo es que evite el síndrome del viejo rico. Desarrolle un fondo de ingresos para el ministerio que sea totalmente propiedad del ministerio.

Tras haber acumulado un poco de experiencia personal trabajando con fondos de ingresos para el ministerio, creo que ahora estoy en posición de sugerir algunas pautas prácticas. Como he dicho, mi objetivo es ver que el fondo de ingresos para el ministerio pueda financiar el presupuesto operativo anual del ministerio. ¿Cuánto, entonces, deberíamos proyectar para el capital del fondo?

Para tratar esta pregunta, regresaré al capítulo 5, donde expliqué las parábolas de los administradores financieros. En estas parábolas, que se encuentran en los evangelios de Mateo y Lucas, el buen siervo y fiel que consiguió menos, devolvió unos beneficios del 100 por ciento (probablemente por año), y el mayor índice de retribución fue del 1.000 por ciento. ¿Son realistas estas parábolas? ¿Sabía Jesús de lo que estaba hablando? Tengo que suponer que, en la mente de Jesús, estos índices de retribución no eran ridículos, sino realistas.

En el mundo actual de las finanzas, una retribución del 100 por ciento anual es poco común, pero no imposible. En 2013, por ejemplo, el mejor rendimiento entre los fondos mutuos de acciones fue el fondo ProFunds Biotechnology Ultrasector Fund, que llegó al 114,6 por ciento.[38] Repito: aunque no puedo demostrarlo, sospecho que el mecanismo de intercambio usado por los administradores monetarios en las parábolas bien podría haber sido negociar con cambio extranjero. Resulta que tengo ciertos conocimientos de la industria del cambio actual, y puedo decir, sin temor a contradecirme, que varios agentes de cambio extranjero actualmente están ganando más del 100 por ciento anual. Podría ser más específico, pero quiero evitar cruzar las líneas de

---

38. John Waggoner, "Finding fund winners isn't cut and dried", *USA Today* (27 de diciembre de 2013), B1.

ciertas restricciones gubernamentales relacionadas con la revelación de estas cosas.

Volviendo a la cantidad necesaria para los fondos de ingresos para el ministerio: si entramos en el rango del 100 por ciento de retribución al año, el capital necesario sería la cantidad total del presupuesto operativo anual del ministerio. No es poco común para los ministerios pequeños tener un presupuesto de, digamos, 300.000 dólares al año. En ese caso, los líderes pondrían como objetivo acumular un fondo de ingresos para el ministerio de 300.000 dólares, sin tocar el capital sino usando los 300.000 dólares en retribuciones anuales por sus gastos. Aún seguirían teniendo donantes que dan dinero para proyectos y expansión, pero habrían pasado de una financiación basada en donantes a una financiación basada en entradas.

Soy consciente de que no es fácil disponer nuestra mente alrededor de una retribución financiera del 100 por ciento. De hecho, acudí a *The Chronicle of Philanthropy* e hice una lista de las retribuciones de ciertos fondos de donación desde antes de la caída económica de la economía de los Estados Unidos. El índice más alto en la nación fue el Massachusetts Institute of Technology, con un 23 por ciento de retribución. Si esa fuera la retribución de nuestro hipotético ministerio de 300.000 dólares, el fondo de ingresos necesitaría ser de un millón trescientos mil dólares en vez de 300.000 dólares, un aumento que obviamente desanimaría a muchos líderes ministeriales. Mientras se realiza la gran transferencia de riqueza, creo que Dios levantará un grupo de Administradores, apóstoles en el mundo laboral, que sabrán cómo llegar a esos estándares de las parábolas de Jesús, es decir, de un mínimo del 100 por ciento de retribución anual.

Cuando todas estas cosas sucedan, diremos adiós a la era de la escasez financiera ministerial y entraremos en una nueva era de prosperidad ministerial. Espero que llegue pronto el día en que los Mariscales de campo sean capaces de cumplir todo su potencial, porque ya no habrá un techo financiero que se lo impida.

9

FILANTROPÍA DEL REINO

Para muchos de los que hemos servido en posiciones de liderazgo en la iglesia, el concepto de "filantropía" puede parecer una idea un poco distante y abstracta. Sabemos que los filántropos existen, pero no necesariamente nos movemos en sus círculos. Muchos no estamos personalmente familiarizados con ninguno de ellos. De vez en cuando, quizá pedimos donativos de fundaciones que operan mediante filántropos, pero eso es por lo general lo máximo que nos acercamos.

¿Podemos llegar a ser filántropos?

¿Qué sucedería si quienes estamos en posiciones de liderazgo en ministerios cristianos realmente nos *convirtiéramos* en filántropos? Sé que, a simple vista, esta idea puede parecer inverosímil. Pero ¿por qué? Creo que formar un ejército de filántropos con mentalidad del reino es parte de la nueva dirección en la que Dios está moviendo a su pueblo estos días.

Piense en algunas de las cosas que ya hemos dicho en este libro. Vivimos en tiempos extraordinarios. El siglo XXI ya está tomando forma para representar un cambio radical de las ideas del siglo XX. Ahora vivimos en la segunda era apostólica, en la que el gobierno bíblico de la iglesia ha vuelto a vivir. El Espíritu Santo ha comenzado a hablar a las iglesias sobre enseñorear la creación de Dios, como originalmente Él quería que hiciéramos. Nuestra meta para el siglo XX de salvar almas y multiplicar iglesias ahora se ha expandido hasta incluir nada menos que la transformación de nuestra sociedad. Nuestra visión es ayudar a los seres humanos de todas partes, especialmente los pobres y oprimidos, a encontrar un estilo de vida más satisfactorio y productivo.

Junto a todas estas megaiglesias está el inminente cumplimiento de las promesas de Dios, hechas mediante sus profetas, para la gran transferencia de riqueza. Siento que veremos cantidades increíbles de riquezas pasar del control del reino de las tinieblas al control del reino de Dios. Sé que puede parecer una exageración, pero tengo fe y espero que se acerque a la cantidad de riquezas que había en el reino de Salomón.

Distribución responsable

Recibir estas riquezas es una cosa; sin embargo, distribuirlas responsablemente es otra cosa. Por eso entra en escena la filantropía. Se dice que Aristóteles dijo que cualquier puede dar dinero, pero solo unos pocos pueden dárselo a la persona correcta, en el momento correcto, para lo correcto, y de la forma correcta. Esto es algo muy difícil, sin duda, pero es algo que debemos tener en mente constantemente.

Filantropía viene de dos palabras griegas, que significan "amar a la gente". Esto es algo bueno porque Dios ama a la gente. Los

> *Si queremos cumplir con las normas de Dios para la filantropía, primero debemos pasar la prueba del egocentrismo. Amar a otros es más importante que amarnos a nosotros mismos.*

que son nacidos de nuevo por el Espíritu Santo reflejan el amor de Dios por la gente en sus pensamientos, sus oraciones y sus acciones. No son egocéntricos, porque sienten que su destino no es tanto ayudarse a sí mismos sino más bien ayudar a otros. Es importante reconocer desde el principio que la filantropía y el egocentrismo son conceptos opuestos. Si queremos cumplir con las normas de Dios para la filantropía, primero debemos pasar la prueba del egocentrismo. Amar a otros es más importante que amarnos a nosotros mismos.

Dicho esto, debemos, a la vez, cultivar una actitud bíblica y saludable hacia nosotros mismos. El libro de Romanos nos dice que si queremos hacer la voluntad de Dios buena, agradable y perfecta, son necesarias dos cosas. Primero, no debemos tener un concepto de nosotros mismos más alto del que debemos. Esto refleja lo que acabo de decir sobre el egocentrismo. Segundo, debemos pensar de nosotros mismos con cordura. (Véase Romanos 12:2–3). En otras palabras, debemos desarrollar una autoevaluación positiva, realista y precisa. Debemos saber quiénes somos y quién desea Dios que seamos.

Por desgracia, se ha producido alguna enseñanza un tanto errónea en muchas de nuestras iglesias, sugiriendo que deberíamos denigrarnos para agradar a Dios. Frases piadosas como "yo no soy nada" son muy comunes. Uno de los himnos de Isaac Watts nos hacía cantar: "Soy un gusano". Dios no nos creó para ser un don nadie o gusanos. Él nos creó a su propia imagen. Nos creó para ser cabeza, y no cola. (Véase Deuteronomio 28:13). Cada uno de nosotros es valioso para Dios.

Pensar de nosotros con cordura

¿Cómo pensamos de nosotros con condura? El apóstol Pablo dijo: *"Que piense de sí con cordura, conforme a la medida de fe que Dios repartió a cada uno"* (Romanos 12:3). Él siguió diciéndonos que parte de pensar con cordura es conocer y usar nuestros dones espirituales: *"De manera que, teniendo diferentes dones, según la gracia que nos es dada, si el de profecía, úsese conforme a la medida de la fe"* (Romanos 12:6). No es posible pensar de nosotros mismos con cordura si no sabemos qué dones espirituales nos han sido dados. Y por cierto, es también útil saber qué dones *no* nos han sido dados.[39]

Otro aspecto de pensar con cordura es saber las tareas específicas que Dios nos ha dado a cada uno para avanzar su reino. Estoy dirigiendo estos pensamientos sobre la filantropía principalmente hacia aquellos a los que Dios ha dado posiciones de liderazgo, principalmente apóstoles, o como algunos prefieren llamarlos, líderes apostólicos. (Véase 1 Corintios 12:28). Creo que es bastante obvio que la mayoría de los nuevo filántropos del reino serán apóstoles, tanto en la iglesia nuclear como en el lugar de trabajo. Por fortuna, la mayoría de los apóstoles han podido discernir la diferencia entre el concepto no

---

39. Estos conceptos sobre los dones espirituales se desarrollan en *Sus Dones Espirituales Pueden Ayudar a Crecer a Su Iglesia* y *Discover Your Spiritual Gifts* por C. Peter Wagner. Ambos libros tienen un repaso de 135 preguntas para descubrir e identificar los dones espirituales.

bíblico de autodenigración y el altruismo bíblico. Ellos saben cómo pensar con cordura de sí mismos.

Los filántropos son ricos

¿Por qué he ahondado tanto en cómo nos vemos a nosotros mismos? Es por un componente muy evidente de la filantropía que a veces no permitimos que salga a la superficie en nuestra mente. Piense en cualquier filántropo que conozca. Comience con el filántropo número uno de América, Bill Gates, si quiere. Antes de que alguien se convierta en filántropo, primero debe poseer los recursos necesarios para cumplir su propio destino personal en la vida, cualquiera que sea. Una vez que sus propias necesidades sean cubiertas, pueden comenzar a enfocase en proveer recursos similares para otros. Los filántropos son ricos. De nuevo, puede que exista la excepción a la regla, de vez en cuando, pero estoy hablando de la regla.

> *Cuando Dios nos ha permitido alcanzar el cumplimiento de nuestras necesidades personales, estamos listos para lo segundo que recibimos por su gracia, según 2 Corintios 9:8: "... abundéis para toda buena obra".*

A algunos cristianos que creen en la Biblia no les gusta pensar que algún día serán ricos. Muchos líderes del monte de la Religión han sido programados para asociar la riqueza con la avaricia o Mamón. Sin embargo, la Biblia misma tiene un enfoque distinto. Dice: *"Y poderoso es Dios para hacer que abunde en vosotros toda gracia, a fin de que…"* (2 Corintios 9:8), y ahora vea con detenimiento cómo sigue. Este versículo habla de dar dinero o sembrar semillas. Nos dice que hay dos cosas que la gracia de Dios está diseñada para proveer en este contexto, y la primera es *"… teniendo siempre en todas las cosas todo lo suficiente"*. Esto significa que Dios quiere que tengamos todas nuestras necesidades personales cubiertas. ¿Quién determina cuáles son esas necesidades? Debe ser la persona en cuestión. No creo que el reino de Dios debería estar patrullado por la "policía de la suficiencia", entrometiéndose y diciéndole a todo el mundo lo que necesita y lo que no necesita. Si algunos líderes con mentalidad del reino sienten que necesitan el último modelo de un automóvil lujoso, que lo tengan. Si otros están satisfechos con un cacharro de diez años que les lleve de un lugar a otro, eso no les da una espiritualidad superior.

Cuando Dios nos ha permitido alcanzar el cumplimiento de nuestras necesidades personales, estamos listos para lo segundo que recibimos por su gracia, según 2 Corintios 9:8: "... *abundéis para toda buena obra*". Aquí es donde entra en escena la filantropía. Por encima de nuestras necesidades personales, Dios no quiere que tengamos solo unas *pocas* sobras para dar; Él quiere que tengamos *abundancia*. Si nos tomamos esto de forma literal, Dios aparentemente no quiere que tengamos el dinero justo para apoyar solo unas pocas causas del reino; Él quiere que podamos apoyar *toda* buena obra. La gente pobre no puede apoyar toda buena obra. Cualquiera que pueda apoyar toda buena obra debe ser rico. Usted no puede dar dinero en abundancia a menos que primero tenga dinero en abundancia. Eso es lo que me lleva a la conclusión de que los filántropos son ricos.

El principio de la máscara de oxígeno

Tener suficiencia para nuestras propias necesidades, además de abundancia para buenas obras, nos lleva a un principio que considero importante para una distribución responsable. Los Distribuidores de banda ancha hacen bien en aplicar lo que llamo el "principio de la máscara de oxígeno". ¿Qué es eso? Cuando estamos en un avión, la azafata rutinariamente anuncia el principio de la máscara de oxígeno. Si la cabina sufre una descompresión, las máscaras de oxígeno aparecen para todos los pasajeros. Si tiene un niño con usted, le dicen que se ponga la máscara usted primero. ¿Por qué? Solo si usted tiene su propia cantidad de oxígeno necesaria puede ayudar a quienes no la tienen.

Esto también se aplica a la distribución de riquezas. Si yo, como Distribuidor de banda ancha, quiero que los apóstoles con los que trabajo sean filántropos activos y productivos, debo hacer todo lo posible para que sus necesidades sean cubiertas primero. Si estamos obligados a dedicar la mayoría de nuestras horas activas a recaudar fondos para nuestro propio flujo de dinero efectivo operativo y para financiar las visiones que Dios nos ha dado para nuestro propio ministerio, no somos los mejores situados para ayudar a otros. Así, establezco el principio de la máscara de oxígeno. A medida que los fondos están disponibles, los primeros proyectos en recibir los recursos son aquellos que Dios ha asignado a los apóstoles de mis redes. Como esto es una política anunciada, financiar proyectos de los líderes más cercanos a mí no se ve como algo egoísta o interesado. Simplemente tiene sentido. A través de esta política, podemos avanzar y multiplicar filántropos del reino.

Multiplicar filántropos del reino es un paso importante para avanzar el reino de Dios en nuestros días. Como dije antes, el cuerpo de Cristo, en general, no ha operado de una forma agresiva, filantrópica, a escala mundial. Sí, hemos amado a la gente, y hemos ayudado a otros, tanto espiritualmente como materialmente. Hemos alimentado a personas pobres, hemos aparecido con ayudas de emergencia cuando se ha producido algún desastre, y hemos establecido escuelas, hospitales y orfanatos. Pero creo que ha llegado el momento de alzar nuestra mirada aún más. Una cosa es cuidar de los pobres, como ya hemos hecho, y otra cosa distinta es ir más allá de eso al quitar las raíces sociales de la pobreza sistémica. Esto no solo ayuda la gente, sino también ayuda a toda la sociedad en la que viven. Son necesarias muchas herramientas para que ocurra algo así, y una de ellas es grandes cantidades de riqueza que previamente no han estado a nuestra disposición. Esto forma una parte fundamental de convertirnos en jugadores activos en la gran transferencia de riqueza.

La filantropía estratégica para la distribución apostólica

Un término que abarca lo que creo que es un enfoque muy productivo hacia la distribución financiera responsable es la "filantropía estratégica para la distribución apostólica". Muchas personas no son conscientes de que la filantropía es una profesión especializada que requiere conocimiento, experiencia y destreza, tanto como consideramos las prácticas de abogacía, ingeniería, medicina o física. Aunque pueda parecer extraño a quienes no están acostumbrados a manejar grandes cantidades de dinero, es axiomático entre los filántropos que es más difícil dar riquezas que adquirirlas. Por desgracia, la historia está llena de historias terribles que tienen que ver con malas transferencias de riqueza. Piense, por ejemplo, en los ganadores de la lotería: personas muy poco acostumbradas a controlar grandes cantidades de riquezas que de repente la poseen. Un número desproporcionado de ellos se han visto tan desbordados que finalmente han terminado peor de lo que estaban antes de ganar la lotería.

Permítame insertar una palabra personal. Durante la mayor parte de mi carrera, nunca entretuve una meta de largo alcance de distribución de riquezas. De hecho, durante cuarenta de mis sesenta años como ministro ordenado, hubiera sido no apto para la tarea, porque estaba bajo la influencia del espíritu de pobreza, como describí en el capítulo 4. Por fortuna, ya fui liberado de esa mentalidad, y tal pensamiento ahora es algo del pasado.

El cambio comenzó en 1996, cuando comencé por primera vez a recibir profecías personales respecto a una tarea que Dios me estaba dando: el manejo y distribución de grandes cantidades de riqueza. Recientemente regresé al Diario profético de 200 páginas en el que Doris y yo habíamos escrito experiencias personales desde 1989. Fue sorprendente encontrar que pude sacar al menos ocho páginas llenas de profecías relacionadas con las riquezas. Yo me tomo en serio 2 Crónicas 20:20: *"Creed en Jehová vuestro Dios, y estaréis seguros; creed a sus profetas, y seréis prosperados"*. Así, durante los últimos años he estado avanzando gradualmente en la dirección indicada por esas profecías. Escribir este libro es parte de ese viaje.

Un indicador positivo de la dirección de Dios en esta época de mi vida ha sido que se me han acercado varias personas que representan posibles fuentes de considerable riqueza para el reino. Esto ha sido algo nuevo para mí, y he ido adquiriendo una valiosa experiencia. Algunos han resultado ser tácticas fraudulentas de estafas piramidales. Algunos simplemente han sido sueños imposibles que han chisporroteado. Otros están aún pendientes, pero su potencial es significativo, y su tiempo parece estar cercano como para animarme a comenzar a formar una infraestructura para la distribución responsable. The Hamilton Group es un resultado de eso.

Distribución irresponsable

Una razón por la que me gusta usar la palabra *estratégica* para modificar "filantropía" es que algunos filántropos escogen distribuir sus riquezas de una manera falta de planificación y carente de enfoque. Durante muchos años he estado suscrito a *The Chronicle of Philanthropy*, discutiblemente la publicación con más autoridad en este campo. Considere este editorial:

> En pocas semanas, *The Chronicle of Philanthropy* publicará su ranking anual de las 400 organizaciones benéficas que más [dinero] recaudan de fuentes privadas. Mientras que recaudadores de fondos, filántropos y otros desean siempre ver qué grupos componen la lista, lo que más nos interesa es qué organizaciones no lo consiguen.
>
> Aunque los rankings destacan las organizaciones que han amasado más en donaciones, no incluyen información sobre el nivel de cambio social que estos grupos sin ánimo de lucro han logrado. No revelan qué organizaciones han tenido más éxito en avanzar sus misiones.
>
> Necesitamos una forma de evaluar los grupos sin ánimo de lucro según los resultados, no el tamaño del presupuesto o el alcance organizacional. La medida final del desempeño de una organización sin ánimo de lucro debería ser cuántas vidas salva o cuántos hogares de bajo costo construye, no cuánto dinero ha recibido, o lo poco que emplea en gastos generales para recaudar esos fondos.[40]

Una cosa es recibir satisfacción de la cantidad de dinero gastado, y otra cosa es posponer la satisfacción hasta ver lo que el dinero ha logrado. Si yo, como Distribuidor de banda ancha, hiciera un donativo a un Distribuidor de banda estrecha, pediría un informe preciso de lo que han hecho esos fondos en manos de los Mariscales de campo antes de pensar siquiera en contribuir con otro donativo. Esta es una proposición tan responsable que llega como una desagradable sorpresa

---

40. Editorial, *The Chronicle of Philanthropy*, 4 de octubre de 2007.

descubrir que no es el *modus operandi* de muchas de las mayores organizaciones benéficas de América.

De la mano con esto está el hecho de que algunos filántropos están orgullosos de cuánto dinero dan personalmente a las organizaciones benéficas, no de lo que las organizaciones puedan hacer con ese dinero. Están más interesados en que sus nombres se incluyan en la lista de los 400 americanos más generosos que en dedicar el tiempo y esfuerzo necesarios para descubrir cómo se están utilizando sus donaciones. Pienso que eso es ser un proveedor irresponsable que no se preocupa de la distribución. Para dar una ilustración positiva, la fundación Bill & Melinda Gates Foundation es conocida y respetada por revisar y evaluar los resultados de sus aportaciones. Esto naturalmente les cuesta tiempo y dinero. Por otro lado, como ya hemos dicho, Warren Buffett no está interesado en hacer tales cosas, aunque reconoce el valor de las mismas. Por consiguiente, Buffett da sus contribuciones filantrópicas a la Fundación Gates, donde sabe que serán distribuidas de manera responsable.

Distribución apostólica

The Hamilton Group (THG) ha adoptado como su eslogan "Filantropía estratégica para la distribución apostólica". Como mencioné previamente, opera bajo el "modo servidor" en lugar del "modo buscador". Esas organizaciones caritativas que usan el "modo buscador" necesitan un departamento de recaudación de fondos y un departamento de quienes hacen subvenciones. Los recaudadores de fondos *buscan* fondos para apoyar sus organizaciones de beneficencia o fundaciones. Quienes hacen subvenciones *buscan* formas de gastar los fondos recaudados, algunos estratégicamente, otros irresponsablemente, como ya hemos visto. El modo buscador es caro, porque los recaudadores de fondos, así como quienes hacen subvenciones, tienen que pagar una plantilla de personal y un presupuesto para gastos de oficina. Es incluso más caro para ellos revisar los resultados de los fondos que distribuyen, lo cual es una razón por la que muchas organizaciones benéficas no llevan a cabo esta tarea.

Cuando organicé The Hamilton Group, elegí el modo *servidor* en vez del *buscador*. Esto nos permite trabajar con un personal mínimo indispensable. Nosotros no buscamos fondos, sino que servimos a los Proveedores que desean subcontratarnos su distribución. Si no tenemos fondos, adoptamos un patrón de espera hasta que llegan. Los que dirigimos THG tenemos un flujo de entradas personal de otras fuentes, así que las restricciones por presupuesto elevado se mantienen al mínimo.

> *Cada apóstol que conozco cree que sus proyectos deberían ser los prioritarios. Creo que eso es una dimensión muy positiva para el liderazgo apostólico. Sin embargo, como resultado, siempre que tenemos fondos disponibles podemos predecir que habrá más peticiones legítimas para los fondos, que dinero para ocuparse de ellos.*

¿Por qué la frase "distribución apostólica"? En The Hamilton Group no necesitamos buscar o procesar peticiones de fondos aleatorias, porque servimos a apóstoles, cada uno de los cuales ya ha identificado y priorizado numerosos proyectos. Los apóstoles, o líderes apostólicos, supervisan un cuerpo de Mariscales de campo que muestran una supervisión práctica al terminar los proyectos. Identificar los proyectos, llevar a cabo la diligencia debida, transferir los fondos (en muchos casos internacionalmente), supervisar los proyectos y auditar el uso de los fondos son responsabilidad de cada apóstol que ha desarrollado previamente relaciones personales con los Mariscales de campo involucrados. El informe de estado de cada proyecto llega del Mariscal de campo hasta el apóstol, quien después lo entrega a The Hamilton Group, siguiendo el protocolo prescrito. A través de esta sencilla cadena de mando, podemos lograr con más rapidez nuestra meta de la distribución responsable.

¿Cómo escogemos a qué apóstoles servimos? Cada apóstol que conozco cree que sus proyectos deberían ser los prioritarios. Creo que eso es una dimensión muy positiva para el liderazgo apostólico. Sin embargo, como resultado, siempre que tenemos fondos disponibles podemos predecir que habrá más peticiones legítimas para los fondos, que dinero para ocuparse de ellos. Así, los que somos Distribuidores de banda ancha tenemos que priorizar. Parte del plan de Dios para el liderazgo apostólico es asignar ciertas esferas a apóstoles individuales. El apósto Pablo modeló esto para nosotros en 2 Corintios 10:13: *"Pero nosotros no nos gloriaremos* [de nuestra autoridad] *desmedidamente, sino conforme a la regla que Dios nos ha dado por medida, para llegar también hasta vosotros"*.

Después, seguirá que esos apóstoles que tienen la mayor prioridad para la distribución de riqueza deberían ser los que están en la esfera o esferas que Dios nos ha dado. Esto no quiere decir que los proyectos para avanzar el reino fuera de nuestras esferas sean menos estratégicos que los que están dentro, sino que simplemente refleja la naturaleza relacional del gobierno apostólico.

Esperando la riqueza de las naciones

Los que estamos involucrados en la gran transferencia de riqueza nos animamos con Isaías 60, originalmente dirigido a la nación de Israel: el pueblo de Dios en el Antiguo Testamento. El pasaje también es para el pueblo de Dios en el Nuevo Testamento, es decir, los creyentes en Jesucristo.

> *Levántate, resplandece; porque ha venido tu luz, y la gloria de Jehová ha nacido sobre ti. Porque he aquí que tinieblas cubrirán la tierra, y oscuridad las naciones; mas sobre ti amanecerá Jehová, y sobre ti será vista su gloria. Y andarán las naciones a tu luz, y los reyes al resplandor de tu nacimiento.* (Isaías 60:1–3)

Continúa, y he citado este versículo más de una vez:

> *Entonces verás, y resplandecerás; se maravillará y ensanchará tu corazón, porque se haya vuelto a ti la multitud del mar, y las riquezas de las naciones hayan venido a ti.* (Isaías 60:5)

En épocas pasadas, el cuerpo de Cristo puede que no haya estado preparado para participar de la filantropía del reino. Pero ahora vivimos en una nueva era. Estaremos entre aquellos que experimentan la gran transferencia de riqueza de Dios.

10

ALGUNOS CONCEPTOS BÁSICOS DE DAR ALEGREMENTE

Uno de mis libros favoritos acerca de la transferencia de riqueza es *The Grace of Giving*, de Ché Ahn. Tiene una gran dosis de autenticidad porque Ché, a quien conozco muy bien, no solo escribe con autoridad acerca del dar, sino que su estilo de vida personal realmente modela lo que él dice. Veamos uno de los principios básicos que encontré en ese libro.

Ahn dice: "Dios quiere que confiemos en Él y en su capacidad y deseo de prosperarnos".[41] Una y otra vez, he dicho que la voluntad de Dios es prosperar a su pueblo. Respecto a esta idea, Ahn presenta el factor clave de la *confianza*. La mayoría de nosotros afirmaremos rápidamente que confiamos en Dios en muchas cosas, si no en todas. Pero ¿qué forma tangible podría tomar nuestra confianza en Dios específicamente para la prosperidad? Ahn continúa: "Él nos pide demostrar nuestra confianza sembrando semillas económicas en su reino... nos está pidiendo confiar en Él, en sus promesas, y en las leyes de la siembra y la cosecha que Él ha establecido en la tierra. Cuando sembremos finanzas en su reino, cosecharemos prosperidad".[42]

Esto implica que la prosperidad es condicional. Anteriormente usé Deuteronomio 28 para ilustrar las diferencias entre la bendición de la prosperidad y la maldición de la pobreza. Ahí, la Biblia es muy directa al indicar que lo que lo que recibimos depende de nuestra obediencia a Dios. Es, pues, lógico pensar que si la prosperidad es condicional, Dios claramente nos revelaría cuáles son las condiciones. En este capítulo final, quiero explicar el plan de Dios para dar de la forma

41. Ché Ahn, *The Grace of Giving* (Ventura, CA: Regal Books, 2013), 202.
42. Ibid.

más sencilla posible de modo que los lectores puedan avanzar y recibir la abundancia de Él para ellos.

El versículo fundamental para esta enseñanza es uno que casi cada creyente conoce, al menos en parte: *"Cada uno dé como propuso en su corazón: no con tristeza, ni por necesidad, porque Dios ama al dador alegre"* (2 Corintios 9:7). Esto plantea una interesante cuestión teológica. Sabemos que Dios es amor (véase 1 Juan 4:8, 16), y que Él ama a todos (véase Juan 3:16). Sin embargo, según este versículo, Dios parece tener un amor especial y específico para los dadores. Aunque es probablemente cierto que cada creyente *da*, recuerde que no todos los creyentes son *dadores*.

Pasar la bandeja

Como punto de inicio hacia convertirnos en verdaderos dadores, es importante que tengamos una visión realista del actual estado de las cosas en América. Por fortuna, tenemos los datos. Christian Smith y Michael Emerson han producido un estudio sociológico bastante impactante sobre los hábitos de dar de los cristianos americanos, llamado *Passing the Plate*. Seleccionaré unas pocas frases relevantes de este libro que nos ayudarán a ver el cuadro global.

Los autores resumen sus hallazgos en la introducción: "Toda la evidencia, veremos, nos lleva a la misma conclusión: cuando se trata de compartir su dinero, la mayoría de los cristianos americanos de nuestros días son destacablemente poco generosos".[43] ¡Esta no es una buena noticia!

Ellos comienzan el capítulo 1 de la siguiente forma: "Si los cristianos americanos dieran de sus ingresos generosamente, y digo solo generosamente y no extravagantemente, podrían transformar el mundo, comenzando ya mismo. Los cristianos americanos comunes tienen a su alcance la capacidad de provocar un cambio espiritual, social, cultural y económico masivo y sin precedentes que refleje muy de cerca sus valores e intereses".[44] Esta es una observación impactante a la luz de lo que hemos

---

43. Christian Smith y Michael Emerson, *Passing the Plate: Why American Christians Don't Give Away More Money* (New York: Oxford University Press, 2008), 3.
44. Ibid., 11.

discutido en el primer capítulo de este libro: que un principal propósito del deseo de Dios para la transferencia de riqueza es facilitar la Gran Comisión, como se expresa en Mateo 28:19: hacer discípulos a las naciones. La sociedad podría ser transformada si tan solo los cristianos dieran lo que se supone que deberían dar.

¿Cuánto dinero supondría esto? Smith y Emerson escriben: "Calculamos que si los cristianos comprometidos en los Estados Unidos dieran el 10 por ciento de sus ingresos después de los impuestos, totalmente pero no más del 10 por ciento, eso proporcionaría un *extra* de 46 mil millones de dólares al año de recursos con los que financiar necesidades y prioridades".[45]

Smith y Emerson siguen enumerando seis datos sociológicos acerca del dar de los americanos. Mencionaré tres de ellos.

+ "Hecho 1: Al menos uno de cada cinco cristianos americanos, el 20 por ciento de todos los cristianos americanos, no dan literalmente *nada* a la iglesias, paraiglesias, u organizaciones benéficas no religiosas".[46]

+ "Hecho 4: Los cristianos americanos con ingresos altos, como los americanos en general, dan *poco o no más dinero* como un porcentaje de ingresos familiares que los cristianos que tienen ingresos bajos".[47]

+ "Hecho 5: A pesar del crecimiento masivo de ingresos reales per capita comparado con el siglo XX, el porcentaje promedio de ingresos que dan los cristianos americanos no solo no creció en proporción sino que en verdad *descendió* ligeramente durante este periodo".[48] En el siglo XIX, el porcentaje era del 3 por ciento, y en el siglo XX fue del 2,5 por ciento.

Yo tomo todos estos hechos y cifras como un toque de atención para la iglesia. Si somos serios en cuanto al cumplimiento del propósito de Dios al ponernos aquí en la tierra, tenemos que levantarnos de nuestra complacencia, especialmente respecto a nuestras finanzas. Es

45. Smith y Emerson, *Passing the Plate*, 13.
46. Ibid., 29.
47. Ibid., 43.
48. Ibid., 47.

mucho más probable que nos veamos como "jugadores" cuando llegue la gran transferencia de riqueza si hemos desarrollado un estilo de vida personal de dar generosamente y basado en la Biblia.

La Biblia dice que Dios ama al dador alegre. Esto debe de significar que Él ama a los dadores alegres más que a los dadores reticentes. Obviamente, no todos los dadores son alegres. Algunos dan *"con tristeza"* (2 Corintios 9:7). Dan con la actitud errónea. Otros dan *"por necesidad"* (versículo 7). Dan por compulsión, a veces como resultado de la manipulación. Quiero ayudarle a ser un dador alegre.

Dar generosamente

Smith y Emerson dicen que los cristianos podrían transformar el mundo si dieran generosamente. ¿Por qué dar generosamente es tan importante?

Cuando piensa en ello, hay cuatro componentes principales de quién es usted: su tiempo, sus talentos, sus habilidades y su energía. Y después, también tiene su *dinero*. Usted tiene la capacidad de compartir cada una de estas cosas con otros. Es su elección. Si decide no compartir, está siendo egoísta, y eso es un grave defecto de carácter.

En este capítulo, voy a tratar solo uno de estos cinco componentes de quien es usted: su dinero. Como acabo de decir, su dinero es parte de quien es usted, así como su hombro y su glándula tiroidea son partes de su cuerpo. En la mayoría de los casos, su dinero procede de su trabajo. Parte va al gobierno en forma de impuestos, pero el resto es suyo para hacer con él lo que quiera. Es importante saber que su dinero es su posesión personal, porque cuando usted decide dar su dinero, de hecho está dando una parte de usted mismo.

> *Si quiere que yo sepa dónde está su corazón, enséñeme sus hábitos de dar.*

¿Dónde damos nuestro dinero? La mayor parte de las veces gastamos nuestro dinero en nuestra familia inmediata. Dando dinero a su familia, usted mismo se está dando a su cónyuge e hijos. Pero ¿qué hay de dar dinero fuera de su familia? Acabamos de leer unas estadísticas desalentadoras. ¿Sabía que el americano promedio da solo el 2 por ciento de sus ingresos a organizaciones benéficas? Algunos no dan absolutamente nada. Eso, claramente, es dar *simbólicamente*, algo que está muy lejos de dar *generosamente*.

La generosidad debe provenir del corazón. Es un rasgo del carácter. Por eso la Biblia hace esta impactante declaración: *"Porque donde esté vuestro tesoro, allí estará también vuestro corazón"* (Mateo 6:21). Si quiere que yo sepa dónde está su corazón, enséñeme sus hábitos de dar. Sé que es algo un tanto al margen, pero por eso yo recomiendo que los pastores se familiaricen con el historial de dar de sus feligreses. Si usted da generosamente a la iglesia, y yo soy su pastor, sé que puedo confiar en usted porque su corazón está en el lugar correcto.

Quiero ayudarle a ser un dador generoso.

El diezmo

El primer paso bíblico y más importante hacia dar generosamente es el diezmo, lo cual simplemente significa el 10 por ciento de sus ingresos. Tanto el Antiguo como el Nuevo Testamento enseñan que dar el 10 por ciendo es el punto de inicio adecuado.

Malaquías 3 incluye un conocido pasaje bíblico que empieza así: *"¿Robará el hombre a Dios? Pues vosotros me habéis robado. Y dijisteis: ¿En qué te hemos robado? En vuestros diezmos y ofrendas"* (Malaquías 3:8). La premisa aquí es que el diezmo es el dinero de Dios, no de usted. Si se lo queda, le roba a Dios, porque está reteniendo algo que es legalmente de Dios. Pero se pone aún más serio.

"Malditos sois con maldición, porque vosotros, la nación toda, me habéis robado" (Malaquías 3:9). La Biblia no usa la palabra *"maldición"* a la ligera. Rehusar devolverle a Dios el diezmo puede ser algo más serio de lo que piensa la gente.

"Traed todos los diezmos al alfolí y haya alimento en mi casa; y probadme ahora en esto, dice Jehová de los ejércitos, si no os abriré las ventanas de los cielos, y derramaré sobre vosotros bendición hasta que sobreabunde" (Malaquías 3:10). En las demás partes de las Escrituras se nos dice que nunca tentemos ni pongamos a prueba a Dios. (Véase, por ejemplo, Mateo 4:7; Lucas 4:12). Esto debería ser universalmente cierto a menos que el Señor nos dijera específicamente lo contrario. Probar o

tentar a Dios en estos versículos conlleva un espíritu de incredulidad. Aquí, Él nos invita a "probarle" y ver si diezmar no abrirá la puerta de la prosperidad. Somos necios si no hacemos lo que Él nos pide.

Por favor, no caiga en la trampa de ver el diezmo como una ley del Antiguo Testamento que ya no tenemos que obedecer porque vivimos bajo la gracia del Nuevo Testamento. Jesús y los apóstoles practicaban el diezmo. ¿Cómo lo sabemos? Eran judíos fieles. El Antiguo Testamento era la única Biblia que tenían. Los judíos fieles diezman. Y el diezmo judío se remonta a antes de que llegara la ley a través de Moisés, llegando hasta Abraham, el padre de los isralitas, que diezmó a Melquisedec. Aquí está la historia en el libro de Hebreos en el Nuevo Testamento: "*Porque este Melquisedec, rey de Salem, sacerdote del Dios Altísimo, que salió a recibir a Abraham que volvía de la derrota de los reyes, y le bendijo, a quien asimismo dio Abraham los diezmos de todo...*" (Hebreos 7:1–2).

Curiosamente, algunos líderes cristianos de hecho predican *en contra* del diezmo. No solo usan los falsos argumentos de que el diezmo es una ley del Antiguo Testamento, que está pasado de moda, sino que también adoptan otro enfoque. Dicen que el 10 por ciento es demasiado poco. Mantienen que Dios no es dueño solo del 10 por ciento de lo que ganamos, sino del 100 por ciento. He oído la frase "todo le pertenece a Dios" muchas veces, pero nunca he podido entender la torcida lógica que hay tras ello. Suena tan piadoso que la mayoría de las personas no pensaría en dudar de ello; es decir, hasta que hacemos la pregunta: ¿No permite Dios que los seres humanos tengan sus propias posesiones? Yo creo que sí.

Es cierto que Dios puede ser la *fuente* de lo que tenemos. Pero Dios es un verdadero dador, ¿no es así? Si yo le doy algo a usted pero siento que sigue siendo mío después de habérselo dado, no sería un verdadero dador. Desde el instante en que se lo doy, es posesión de usted, y deja de ser mío. Estoy bastante seguro de que Dios quiere que tengamos discrección personal en cuanto a lo que hacemos con el 90 por ciento de nuestro sueldo. Ya no es de Dios, sino nuestro, porque Él verdaderamente nos lo dio. Según continuamos, voy a hacer algunas buenas sugerencias sobre lo que podríamos hacer con *nuestra* parte, pero será mejor que no nos quedemos con el 10 por ciento, porque esa parte es de Dios, no nuestra.

¿Es el diezmo un ejemplo de legalismo? Sí, creo que lo es. Pero es un legalismo santificado, de sentido común. Es como conducir por el lado derecho de la carretera, o pagar los impuestos, o abrocharse el cinturón de seguridad, todo ello son buenas formas de legalismo. Sospecho que pocos de los que se oponen al diezmo dan incluso el 10 por ciento de sus ingresos. Rehusar hacerlo puede convertirse en un pretexto. Hace unos años, el investigador George Barna descubrió que solo el 9 por ciento de los cristianos nacidos de nuevo diezmaron sus ingresos. ¡Eso significa que el 91 por ciento de ellos no diezmaron! No es de extrañar que sea tan difícil transformar el mundo.

Ofrendas

El legalismo se detiene con el diezmo. Todas las demás formas de dar son voluntarias y discrecionales. Pero los dadores generosos dan alegremente y constantemente más del 10 por ciento.

> He oído decir a algunos predicadores: "Nunca deben dar para recibir más". No entiendo el razonamiento, especialmente porque la Biblia nos dice que si damos, nos será dado en una mayor medida.

Veamos la ventaja de dar ofrendas generosas, como dice la Biblia: *"Dad, y se os dará; medida buena, apretada, remecida y rebosando darán en vuestro regazo; porque con la misma medida con que medís, os volverán a medir"* (Lucas 6:38). Recuerde que estas promesas extravagantes sirven solo cuando usted da *su* dinero, no cuando le devuelve a *Dios* lo que es de Dios. No se aplican en el caso del diezmo, solo de las ofrendas. ¿Ve ahora por qué es importante darse cuenta de que el 90 por ciento es realmente de usted, y no de Dios? Solo si el 90 por ciento es de usted puede dar ofrendas de su propio dinero.

He oído decir a algunos predicadores: "Nunca deben dar para recibir más". No entiendo el razonamiento, especialmente porque la Biblia nos dice que si damos, nos será dado en una mayor medida.

Nuestras ofrendas a menudo se comparan con las semillas. ¿Por qué siembra un agricultor? Lo hace para conseguir más. *"El que siembra escasamente, también segará escasamente; y el que siembra generosamente, generosamente también segará"* (2 Corintios 9:6). Las ofrendas no son algo legalista, pero ciertamente son beneficiosas. Si comienza a cosechar abundantemente, ¡rápidamente se convierte en un dador alegre!

Primicias

La mayoría de los creyentes están familiarizados con los diezmos y las ofrendas, pero nadie conoce las primicias. Por lo tanto, este concepto necesita un poco más de explicación.

Para dar un poco de trasfondo personal, Doris y yo siempre hemos diezmado nuestros salarios a nuestra iglesia local, actualmente Global Spheres Center en Corinth, Texas. Además de esto, regularmente damos ofrendas a varios ministerios. Durante años, supimos que la Biblia enseñaba acerca de las primicias, pero realmente no sabíamos exactamente lo que eso significaba. Durante mucho tiempo, lo mejor que descubrimos fue que nuestros diezmos y ofrendas se daban de la primera parte de nuestros ingresos, no de la última, y siempre intentamos dar de esa manera.

Entonces, hace varios años conectamos con Robert Henderson. En ese tiempo, él había estado estudiando el dar de las primicias, practicándolo en su iglesia y enseñándolo a otros. Sus ideas finalmente se publicaron en un libro, *The Caused Blessing*, que es el mejor libro sobre primicias que he visto. En él, Robert enseña con convicción que las primicias no están directamente relacionadas con diezmos y ofrendas sino relacionadas con dar financieramente como algo aparte del diezmo. Esta es la primera mención de las primicias en la Biblia: *"Las primicias de los primeros frutos de tu tierra traerás a la casa de Jehová tu Dios…"* (Éxodo 23:19). Si revisa su concordancia, encontrará que *primicias* se menciona treinta y cuatro veces en el Antiguo Testamento y siete veces en el Nuevo Testamento.

Uno de los capítulos más instructivos sobre las primicias es Números 18. Para entender el capítulo, es necesario recordar desde el principio que se le dijo a Aarón. Es Dios hablando a Aarón, que era el sumo sacerdote. Este capítulo nos ayuda a distinguir entre el diezmo y las primicias. Esta es la diferencia:

* Los diezmos iban para los levitas, una tribu de sacerdotes que eran un basto equivalente a los pastores de hoy. *"Y he aquí yo he dado a los hijos de Leví todos los diezmos en Israel por heredad, por su ministerio, por cuanto ellos sirven en el ministerio del tabernáculo de reunión"* (Números 18:21).

* Las primicias son para Aarón, el sumo sacerdote. *"De aceite, de mosto y de trigo, todo lo más escogido, las primicias de ello, que presentarán a Jehová, para ti las he dado"* (Números 18:12).

Damos primicias para demostrar nuestro aprecio a Dios por la bendición. La cantidad o porcentaje de las primicias no es un número legalista sino más bien se deriva de nuestra percepción personal y evaluación de cuál ha sido nuestra mejor bendición. En una sociedad agrícola, es lo primero y lo mejor de la nueva cosecha. En

> *La cantidad o porcentaje de las primicias no es un número legalista sino más bien se deriva de nuestra percepción personal y evaluación de cuál ha sido nuestra mejor bendición.*

una sociedad industrial, sería la primera parte de un aumento, bonus, un nuevo contrato, un beneficio de una inversión, una herencia, y cosas similares. En Global Spheres Center, sistematizamos nuestras primicias con una celebración al comienzo de cada mes hebreo, la nueva luna, llamada *Rosh Codesh*. Tenemos una celebración, frecuentemente coincidiendo con el último sábado del mes, para llevar las primicias: lo primero y lo mejor de lo que esperamos recibir ese mes. Cuando lo hacemos, ¡el centro de adoración está lleno de dadores alegres!

Ahora que estamos en la segunda era apostólica, creo que es necesario aplicar el dar las primicias a alguna obra apostólica. En estos días no tenemos un sumo sacedote como Aarón, pero podemos considerar al apóstol como el equivalente del sumo sacerdote. Hebreos 3:1 dice: *"Por tanto, hermanos santos, participantes del llamamiento celestial, considerad al apóstol y sumo sacerdote de nuestra profesión, Cristo Jesús"*. Aquí, Jesús es llamado *"apóstol"*, un oficio del Nuevo Testamento, así como *"sumo sacerdote"*, un oficio del Antiguo Testamento. Digo esto para expresar que no deberíamos seguir dando nuestra primicia al sumo sacerdote sino al apóstol, o apóstoles, con los que trabajamos. Doris y yo trabajamos con Chuck Pierce y Global Spheres, así que es ahí donde van nuestras primicias.

La Biblia asocia una promesa muy atractiva a dar las primicias: *"Honra a Jehová con tus bienes, y con las primicias de todos tus frutos; y serán llenos tus graneros con abundancia, y tus lagares rebosarán de mosto"* (Proverbios 3:9–10). ¡No creo que podamos equivocarnos jamás si damos generosamente!

Limosnas

Las limosnas son regalos que hacemos a los pobres y necesitados. "Limosnas" es una palabra del Nuevo Testamento, pero es un concepto que se encuentra también en el Antiguo Testamento: *"A Jehová presta el que da al pobre, y el bien que ha hecho, se lo volverá a pagar"* (Proverbios 19:17). Si leemos este versículo con cuidado, veremos que, a diferencia de otras formas de dar, no podemos esperar que lo que damos a los pobres se nos devuelva en la misma medida, apretado y rebosando. (Véase Lucas 6:38). Las limosnas no son como semillas que se siembran para multiplicarlas. No damos limosnas para recibir. Cuando damos limosnas a los pobres, el Señor devuelve solo lo que damos, no más.

Un buen ejemplo de cómo Dios honra a los que dan limosnas a los pobres es la historia de Cornelio, quien, como recordará, era un oficial del ejército romano, ni judío ni cristiano. *"Había en Cesarea un hombre llamado Cornelio, centurión de la compañía llamada la Italiana, piadoso y temeroso de Dios con toda su casa, y **que hacía muchas limosnas** al pueblo, y oraba a Dios siempre"* (Hechos 10:1–2).

Sabemos que Dios envió a Pedro para llevar a Cornelio y a toda su casa a Cristo. En ese momento, llevar a un gentil a Cristo era un evento tan poco usual que Dios escogió enviar a un ángel con antelación para hablar a Cornelio y habló a Pedro en una visión, para preparar el camino. Digo esto simplemente para destacar una de las cosas que el ángel le dijo a Cornelio: *"Tus oraciones y tus limosnas han subido para memoria delante de Dios"* (Hechos 10:4). Aparentemente, dar limosnas con generosidad atrae la atención de Dios y puede invitar a que llegue el favor divino.

A diferencia de otras formas de dar, las limosnas tienen una advertencia asociada a ellas: usted debe mantener en secreto la cantidad de sus limosnas. No creo que esto signifique que no pueda compartir con otros el hecho de que *da* limosnas (Pablo lo dijo, por ejemplo, en Hechos 24:17), pero solo que no diga cuánto da.

En este siguiente pasaje, escogí la versión *Reina-Valera 1960* porque usa la palabra *"limosna"* mientras que otras versiones utilizan otras palabras.

> *Guardaos de hacer vuestra justicia delante de los hombres, para ser vistos de ellos; de otra manera no tendréis recompensa de vuestro Padre que está en los cielos… Mas cuando tú des limosna, no sepa tu izquierda lo que hace tu derecha, para que sea tu limosna en secreto; y tu Padre que ve en lo secreto te recompensará en público.* (Mateo 6:1, 3–4)

Estoy seguro de que distintas personas aplicarán estas directrices de formas diversas. No creo que haya necesidad de ser excesivamente legalista en esto. Doris y yo damos algunas de nuestras limosnas a los pobres a través de organizaciones sin ánimo de lucro como el Ejército de Salvación y misiones de rescate. También damos directamente a los pobres, sin deducción de impuestos. Como trabajamos juntos, si uno de nosotros siente dar a un pobre en concreto, se lo dejamos saber al otro para que no haya sorpresas. Espero que no estemos violando el mandato bíblico de que no sepa tu mano izquierda lo que hace tu derecha (véase Mateo 6:3), pero esta práctica nos ayuda a mantener unido nuestro matrimonio. Sin embargo, no le decimos a nadie más las cantidades que damos.

Permítame hacer dos observaciones finales sobre dar limosnas:

+ De nuevo, repetiré el principio de que, al dar limosnas, lo que recibimos a cambio está limitado a lo que damos.
+ La advertencia de guardar secreto respecto a las limosnas que da no sirve con los diezmos, ofrendas o primicias.

Dar gradualmente

Dar gradualmente es una de las formas más avanzadas de dar. Diezmos, ofrendas, primicias y limosnas son prácticas que todos los creyentes deberían seguir. Dar gradualmente, por el contrario, es un método de dar reservado solo a ciertos creyentes. Le animo a ver si esta es la forma en que usted debería dar.

Antes de seguir adelante, quiero explicar dos principios del dar: el don de dar y modalidades de dar.

- **El don de dar.** Está el don espiritual de dar, al igual que hay dones espirituales de evangelismo, de administración y de misericordia. Dios es el que da los dones, y Él escoje a quien se los da. Un pasaje clave que habla de esto se encuentra en Romanos 12, donde dice: *"De manera que, teniendo diferentes dones, según la gracia que nos es dada, si el de profecía, úsese..."* (Romanos 12:6). Como ejemplos, enumera los dones de profecía, servicio, enseñanza y exhortación, y después dice: *"El que reparte, con liberalidad"* (Romanos 12:8). Después, añade los dones de liderazgo y misericordia. Dar es solo uno de los dones de la lista.

  Muchas personas no han entendido que existe el don espiritual de dar, el cual Dios le da a algunos, pero no a todos, los creyentes, parecido a lo que expliqué acerca del don de la pobreza voluntaria en un capítulo anterior. Usted no necesita un don espiritual para dar sus diezmos, ofrendas, primicias o limosnas. Pero creo que necesita ese don si quiere practicar el dar gradualmente en serio. Digo esto para no hacer sentir mal inadvertidamente a aquellos que quizá no tengan ese don.

- **Modalidades de dar.** En verdad, hay un espectro de modalidades de dar, desde dar intencionalmente por un lado a dar espontáneamente por el otro, con un número de posibles posiciones entre medias. Hace mucho, entrevisté a varios dadores y descubrí que la mayoría de ellos eran intencionales, algunos espontáneos y otros estaban en algún lugar entre medias. En el caso de Doris y mío, casi siempre damos de manera intencional. En la división de trabajo de nuestra familia, yo soy el que

da (tras una cuidadosa consul-
ta). Soy tan intencional que tengo una cuenta bancaria aparte
para dar, la cual llamo "El Sembrador", para saber exactamente
cuánto dinero hay disponible en
cada momento. Siempre que co-
bro, mi primera transacción es

> *Está el don espiritual de dar, al igual que hay dones espirituales de evangelismo, de administración y de misericordia.*

una transferencia telefónica a El Sembrador. Nunca llevo esa
chequera conmigo, y por lo tanto reduzco así la tentación de
dar espontáneamente. Al mismo tiempo, a menudo me sor-
prendo de algunos de mis amigos más proféticos que espontáneamente sacan su libro de cheques más de una vez durante un
solo servicio y dicen: "¡Yo doy lo que el Señor me dice!".

Cuando Doris y yo nos casamos, prometimos al Señor, y el uno al
otro, que diezmaríamos, y lo hicimos, incluso durante nuestros años
misioneros viviendo con sueldos de subsistencia. Cuando regresamos a
los Estados Unidos en 1971, tuvimos que comenzar a llenar el impreso
1040, y por primera vez calculamos cuál fue realmente nuestra aportación caritativa. Nos alegró descubrir que nuestra aportación fue del
10,4 por ciento de nuestros ingresos el primer año y del 10,8 por ciento
el segundo año. ¡Habíamos superado nuestro diezmo!

Después llegó un rudo despertar el otoño de 1975, cuando nuestro pastor en Lake Avenue Church, Ray Ortlund, estaba predicando
su sermón anual sobre el dar. Entre otras cosas, dijo: "Voy a hacer algo
esta mañana por primera vez. Dios indicó que tenía que decirles cuánto damos Anne y yo. De acuerdo. Anne y yo damos el veinticinco por
ciento [de nuestros ingresos]". ¿Veinticinco por ciento?

Doris y yo fuimos a casa y hablamos de ello. ¡Nuestro 10,8 por
ciento ya no sonaba tan bien! Fue entonces cuando sentimos que el
Espíritu Santo comenzaba a hablarnos acerca de dar gradualmente.
En los Estados Unidos, tenemos un impuesto sobre la renta gradual.
Cuanto más altos son los ingresos de una persona, más porcentaje de
impuestos tiene. ¿Por qué no hacer lo mismo con el dar? Cada año que

nuestro sueldo aumenta, deberíamos aumentar el porcentaje de nuestras aportaciones. Comenzamos subiéndolo el 1, 2 e incluso el 3 por ciento. Nos alegramos cuando pasamos el 25 por ciento de Ortlund, y finalmente llegamos a dar el 40 por ciento de todos los ingresos, lo cual incluía regalos financieros. Hemos mantenido ese índice desde entonces.

Durante mucho tiempo mantuvimos esto en secreto. Después, en 2011, salió el tema mientras estábamos reunidos con un grupo íntimo de apóstoles. En ese tiempo, muchos de nosotros acordamos que era el momento de hacer públicas las cantidades que dábamos, para animar a otros en el cuerpo de Cristo a considerar el dar gradualmente. Entre los que estaban listos para hacerlo, una pareja nos dijo que daban al menos el 51 por ciento, a veces más; otra pareja llegó al 50 por ciento en 2010, después el 59 por ciento en 2013; otra pareja regularmente da por encima del 50 por ciento, otra pareja dio el 46 por ciento en 2010. Es interesante que todas estas parejas superaban nuestro 40 por ciento.

Permítame repetir que esta enseñanza no tiene intención de hacer sentir mal a nadie. Lo que espero es poder estimular a algunos a avanzar hacia el dar gradualmente. Algo que puedo prometer es que todo el que prueba este tipo de dar, ¡se convierte en un dador alegre!

Acumular los medios para dar

No hace falta decir que cuanto más tiene, más puede dar. Creo que John Wesley tiene un buen consejo para nosotros. Durante años, he oído palabras al respecto atribuidas a John Wesley: "Gane todo lo que pueda, ahorre todo lo que pueda, dé todo lo que pueda". ¡Suena casi como un proverbio bíblico!

1. **Gane todo lo que pueda.** Desarrolle una ética de trabajo. Consiga un trabajo donde gane el mayor salario que pueda, y acepte todos los ascensos que vengan a su encuentro. Asegúrese de deshacerse del espíritu de pobreza. Mi consejo es que establezca la meta de cinco vías separadas de ingresos personales. Quizá ahora mismo tan solo tenga una, pero al menos ya tiene el 20 por ciento de su meta. No todos serán

ricos, pero a medida que se presenten las oportúnidades, aprovéchelas. Cuanto más rico sea, más alegremente puede dar.

2. **Ahorre todo lo que pueda.** Aunque sea solo un poco, adquiera el hábito de poner algo de dinero en una cuenta de ahorros que prometa no tocar. Conozco a personas que diezman el 10 por ciento y ahorran el 10 por ciento. Contrate a un planificador financiero profesional que le ayude a rendir cuentas. Aunque sea joven, contrate a un abogado familiar que le ayude a planificar su herencia, para que finalmente pase a los beneficiarios que usted elija en vez de al gobierno.

3. **Dé todo lo que pueda.** Hemos mirado este versículo antes, pero recordémoslo siempre: *"Y poderoso es Dios para hacer que abunde en vosotros toda gracia, a fin de que, teniendo siempre en todas las cosas todo lo suficiente, abundéis para toda buena obra"* (2 Corintios 9:8). *"Todo lo suficiente"* es cualquier cosa que necesite, y *"abundéis"* es lo que le sobra para dar para toda buena obra.

Junte todo esto, y dará alegremente. Veamos 2 Corintios 9:11: *"Para que estéis enriquecidos en todo para toda liberalidad, la cual produce por medio de nosotros acción de gracias a Dios".* Usted está enriquecido, pero ¿con qué motivo? *"Para toda liberalidad"*, que quiere decir que tiene abundancia para dar. Y siempre que este sea el caso, dé gracias a Dios; dicho de forma simple, ¡sea un dador alegre!

APÉNDICE

CÓMO ESTABLECER UN FONDO MINISTERIAL DE ENTRADAS

Si desea establecer un fondo ministerial de entradas, como he sugerido, estas son algunas pautas para darle una idea general de cómo hacerlo. Le recomiendo encarecidamente, no obstante, no intentar hacerlo por usted mismo. Su primer paso debería ser contratar a un abogado de empresas, si es que no tiene ya uno. Quizá quiera repasar estas pautas con su abogado, pero él o ella debería tener la última palabra. Las leyes respecto a las transacciones financieras varían según el estado, así que el mejor plan es encontrar un abogado de su propio estado, idealmente alguien que esté cerca de su oficina ministerial.

El fondo ministerial de entradas está diseñado para recibir finanzas de Proveedores catalogadas como "inversiones benéficas". Este término las distingue de los donativos tradicionales al ministerio. "Inversiones benéficas" son contribuciones al ministerio por las que los Proveedores reciben recibos normales de deducción de impuestos; sin embargo, son constribuciones restringidas, diseñadas solo para el fondo ministerial de entradas. El Proveedor, o el "inversor", recibe la seguridad de que se honrará el propósito de estos fondos y que no se usarán para gastos generales. El dinero en el fondo de entradas se maneja de la forma que indica el ministerio, y solo los beneficios generados por el fondo se usarán a discrección del ministerio.

Para tomar prestados algunos principios del monte de la Empresa, el "inversor" recibirá informes regulares, relatando el desempeño de los fondos en manos de los Adminístradores, así como informes sobre cómo el ministerio emplea las entradas del fondo. Tengamos en mente que el objetivo es que los ingresos del fondo ministerial de entradas cubran todos los gastos operativos de los esfuerzos designados del ministerio.

Esta es una lista para asegurar que el ministerio está preparado para la financiación basada en entradas:

✓ Los líderes del ministerio son apostólicos. Son individuos de carácter destacado y son los líderes prácticos y quienes establecen la visión de su ministerio.

✓ El liderazgo del ministerio está de acuerdo con lo que yo he estado llamando "la filantropía estratégica para la distribución apostólica".

✓ Los asuntos legales del ministerio están en orden y el ministerio ha contratado a un abogado legal corporativo.

✓ Las finanzas del ministerio están sometidas a una auditoría anual por un auditor independiente.

✓ Si es posible, el ministerio es un miembro activo del Evangelical Council for Financial Accountability (ECFA).

Con estas cosas presentes, vaya y establezca su fondo ministerial de entradas. Le sugiero que el nombre del fondo lleve el acrónimo de su ministerio. Por ejemplo, si usted es Sunshine Glory Ministries (SGM), su fondo debería ser Fondo de entradas SGM. Pídale a su abogado que le guíe por el proceso legal de establecer el fondo como un hnc ("hacer negocios como") de su ministerio. No le sugiero una empresa aparte. El Fondo de entradas SGM sería un hnc de Sunshine Glory Ministries. Esto necesita la aprobación de su consejo de directores.

Abra una cuenta bancaria separada para el fondo de entradas y tenga un conjunto separado de libros para ella. No mezcle los fondos. Si tiene un ministerio internacional, asegúrese de que su banco puede manejar tanto transferencias nacionales como internacionales para su cuenta. Como es un hnc, el dinero caerá bajo el paraguas legal de su ministerio y será parte de su auditoría ministerial anual.

Haga el trabajo preliminar para un sistema de reporte regular y responsable para quienes inviertan. Diseñe los reportes en un formato del monte de la Empresa, para que cada inversor reciba algo como el reporte que él o ella esperaría de Merrill Lynch o Charles Schwab.

Su consejo de directores tiene que aprobar una política de inversión oficial. Usted y su abogado pueden ajustar esto como deseen, pero a continuación tiene un ejemplo que puede usar. Esta política está diseñada para ser todo lo específica que sea necesario, pero también le permite tener una interpretación amplia.

Política de inversión de Sunshine Glory Ministries

Alcance de la política de inversión

Esta declaración de política de inversión se refiere a reservas sobrantes que no se necesitan para propósitos operativos a corto plazo o para contribuciones diseñadas específicamente para la inversión ministerial.

Propósito de la política de inversión

Esta declaración de política de inversión la establece el consejo de diretores de Sunshine Glory Ministries (SGM) para:

1. Definir y asignar las responsabilidades de todas las partes involucradas.

2. Establecer un claro entendimiento para todas las partes involucradas de las metas y objetivos de SGM para la inversión.

3. Ofrecer guía y limitaciones a todos los Administradores de inversiones respecto a la inversión de bienes.

4. Establecer una base para la evaluación de los resultados de la inversión.

5. Bosquejar una filosofía y actitud que guíe el manejo de la inversión de los bienes hacia los resultados deseados.

Delegación de autoridad

El Comité de inversión de SGM es responsable de dirigir y supervisar el manejo de los bienes de inversión. Como tal, el Comité de inversión está autorizado para delegar ciertas responsabilidades a expertos profesionales en varios terrenos. Esto incluye, pero no está limitado a, consultores de manejo de inversión, administradores de inversión, custodios, abogados, auditores, actuarios y otros considerados apropiados para cumplir la responsabilidad fiduciaria del Comité de inversión de SGM.

El Comité de inversión de SGM no reservará ningún control sobre las decisiones de inversión, con la excepción de limitaciones específicas descritas en esta declaración. Los Administradores serán responsables y darán cuentas de la consecución de objetivos descritos en esta política. Aunque no se cree que las limitaciones obstaculicen a los Administradores de inversión, cada Administrador debería solicitar las modificaciones que considere oportunas.

Responsabilidades del Comité de inversión

El Comité de inversión tiene la responsabilidad de administrar los bienes del Fondo de entradas de SGM. Las responsabilidades concretas del Comité de inversión respecto al manejo de la inversión de bienes son, entre otras:

1. Comunicar las necesidades financieras de SGM a los Administradores de inversión puntualmente.

2. Determinar el riesgo de tolerancia de SGM y el horizonte de inversión y comunicárselo a las partes apropiadas.

3. Establecer objetivos de inversión razonables y coherentes, pautas de la política y asignaciones, las cuales dirigirán la inversión de los bienes, para que se revisen de forma anual.

4. Seleccionar de manera prudente y diligente a los profesionales de inversión cualificados, incluidos Administradores de inversión, Consultores de inversión y Custodios.

5. Evaluar regularmente el desempeño de los Administradores de inversión para asegurar que no se desvíen de las pautas de la política y para supervisar el proceso objetivo de la inversión.

6. Desarrollar y promulgar procedimientos pertinentes de control, ej., reemplazar Administradores de inversión debido a cambios fundamentales en el proceso de manejo de la inversión o por no cumplir con las pautas establecidas.

7. Asignar las ganancias del Fondo de inversión de SGM.

8. Dar un reporte en la reunión semestral del Consejo de directores de SGM sobre el desempeño del Fondo de entradas de SGM y las asignaciones de sus ganancias.

Responsabilidades de los Administradores de inversión

Cada Administrador de inversión tendrá una total discreción a la hora de tomar decisiones de inversión para los bienes destinados bajo su jurisdicción, mientras cumpla y actúe según todas las políticas, pautas, restricciones y filosofías bosquejadas en esta declaración. Entre algunas de las responsabilidades concretas del Administrador de inversión están:

1. Realizar una administración discrecional de inversiones, incluyendo la toma de decisiones para comprar, vender o retener seguridades individuales, y para alterar asignaciones dentro de las pautas establecidas en esta declaración.

2. Informar, de manera puntual, de los resultados mensuales del desempeño de la inversión.

3. Comunicar cualquier cambio importante en el aspecto económico, la estrategia de inversión o cualquier otro factor que afecte a la implementación del proceso de inversión, o el progreso del objetivo de la inversión del manejo de la inversión de SGM.

4. Informar al Comité de inversión de SGM de cualquier cambio cualitativo en la organización del manejo de la inversión. Ejemplos de esto incluyen cambios en el personal del manejo de la cartera de valores, estructura de la propiedad, filosofía de la inversión, etc.

Principios generales de inversión

1. Las inversiones se realizarán únicamente para lograr rendimientos sustancialmente mayores que el índice de inflación para aumentar el poder de compra de los bienes del Fondo de entradas de SGM.

2. Los bienes se invertirán con cuidado, destreza, prudencia y diligencia, bajo las circunstancias, del mismo modo que una

persona prudente actuando con capacidad similar y familiarizada con tales asuntos actuaría con las inversiones de un fondo parecido en carácter y objetivos.

3. La inversión de los bienes serán tan diversificada como para poder minimizar el riesgo de grandes pérdidas, a menos que, bajo las circunstancias, esta práctica claramente no sea prudente.

4. El Comité de inversión puede contratar a uno o más Administradores de inversión de varios estilos y filosofías para alcanzar los objetivos del Fondo de entradas de SGM.

5. El dinero en efectivo se empleará siempre de manera productiva, invirtiendo en equivalentes efectivos de corto plazo, para demostrar solvencia, liquidez y rendimiento.

6. Todas las compras de valores serán para efectivo, y no habrá transacciones a crédito, ventas cortas, transacciones de mercancías o transacciones de alto riesgo.

Responsabilidad social

Como medio de suplir las necesidades de SGM y para beneficio de la sociedad en general, el Comité de inversión ha puesto restricciones en la cartera de valores. Específicamente, las inversiones directas en compañías que tratan con productos de tabacalera, material pornográfico, lascivo u obsceno, o provisión de servicios de aborto, están prohibidas. Esto no restringe la inversión en fondos mutuos que pudieran incluir parte de las compañías previamente especificadas.

Objetivos de la inversión

El objetivo de la inversión del Fondo de entradas de SGM enfatiza un total rendimiento, es decir, rendimiento agregado de la apreciación, interés y dividendos del capital. Específicamente, el objetivo principal del manejo de toda la cartera de valores es la obtención de un promedio sustancialmente por encima del índice de inflacción. La volatilidad a corto plazo se tolerará mientras sea coherente con la volatilidad del índice de mercado comparable.

Este objetivo de la inversión se aplica también a los bienes agregados, y no está diseñado para ser impuesto a cada cuenta de inversión (si se usa más de una cuenta). Un objetivo específico de cada Administrador de inversión será:

1. Alcanzar o exceder el índice de mercado o el índice de mercado conjunto, seleccionado y acordado por el Comité de inversión, que la mayoría de las veces se corresponde con el estilo del manejo de la inversión.

2. Mostrar un nivel general de riesgo en la cartera de valores que sea coherente con el riesgo asociado en la cota de referencia especificada arriba.

Los objetivos de inversión específicos y restricciones de cada Administrador de inversión, si es que tienen algunos, se acordarán por el Administrador de inversión y el Comité de inversión de SGM y se incorporarán como parte de esta política de inversión.

Esta declaración de política de inversión se adopta formalmente por votación del Consejo de directores de SGM el _____.

Una vez aprobada la política de inversión, el consejo de directores tiene que nombrar un comité de inversión para asumir las responsabilidades descritas en la política.

ACERCA DEL AUTOR

C. Peter Wagner es el Apóstol Embajador de Global Spheres, Inc, (GSI), una red apostólica que proporciona activación y alineamiento para líderes con mentalidad del reino del cuerpo de Cristo. Viaja extensamente por todo el mundo, ayudando a equipar a creyentes para ministrar en las áreas de ministerios apostólicos, riqueza, dominio y reforma de la sociedad. Wagner considera que esta es su "cuarta carrera", la cual comenzó a los ochenta años de edad. Su primera carrera fue servir como misionero en Bolivia, junto con su esposa, Doris. Su segunda carrera fue la enseñanza en la Escuela de Misiones Mundiales del Seminario Fuller (ahora Escuela de Estudios Interculturales). Y su tercera fue fundar y desarrollar Global Harvest Ministries, que incluye el Instituto de Liderazgo Wagner (WLI). WLI ahora tiene más de veinte escuelas en E.U. y otras doce en otros países. Escritor de más de setenta libros, Wagner vive con su esposa en Colorado Springs, Colorado.